爱迪生
现代世界的发明者

[美]戴维·J. 肯特（David J. Kent）／著
施韡／译

人民邮电出版社
北京

内容提要

  本书分 10 章讲述了爱迪生传奇且辉煌的一生，展现了他在发明与创新之路上的勤勤恳恳与不屈不挠的精神，在对待家人和友人时的温柔与真挚之情，以及与竞争对手和合作伙伴之间复杂且微妙的关系。最重要的是，贯穿全书的是爱迪生的聪明才智和坚定的信念，且他懂得把握先机，最终成就了一番事业。全书语言优美流畅，图片丰富多样（既有珍贵的历史照片，也有生动形象的漫画），将一个鲜活立体的发明家形象栩栩如生地呈现在我们面前。

  本书适合对爱迪生传奇的一生感兴趣的各年龄段读者阅读。

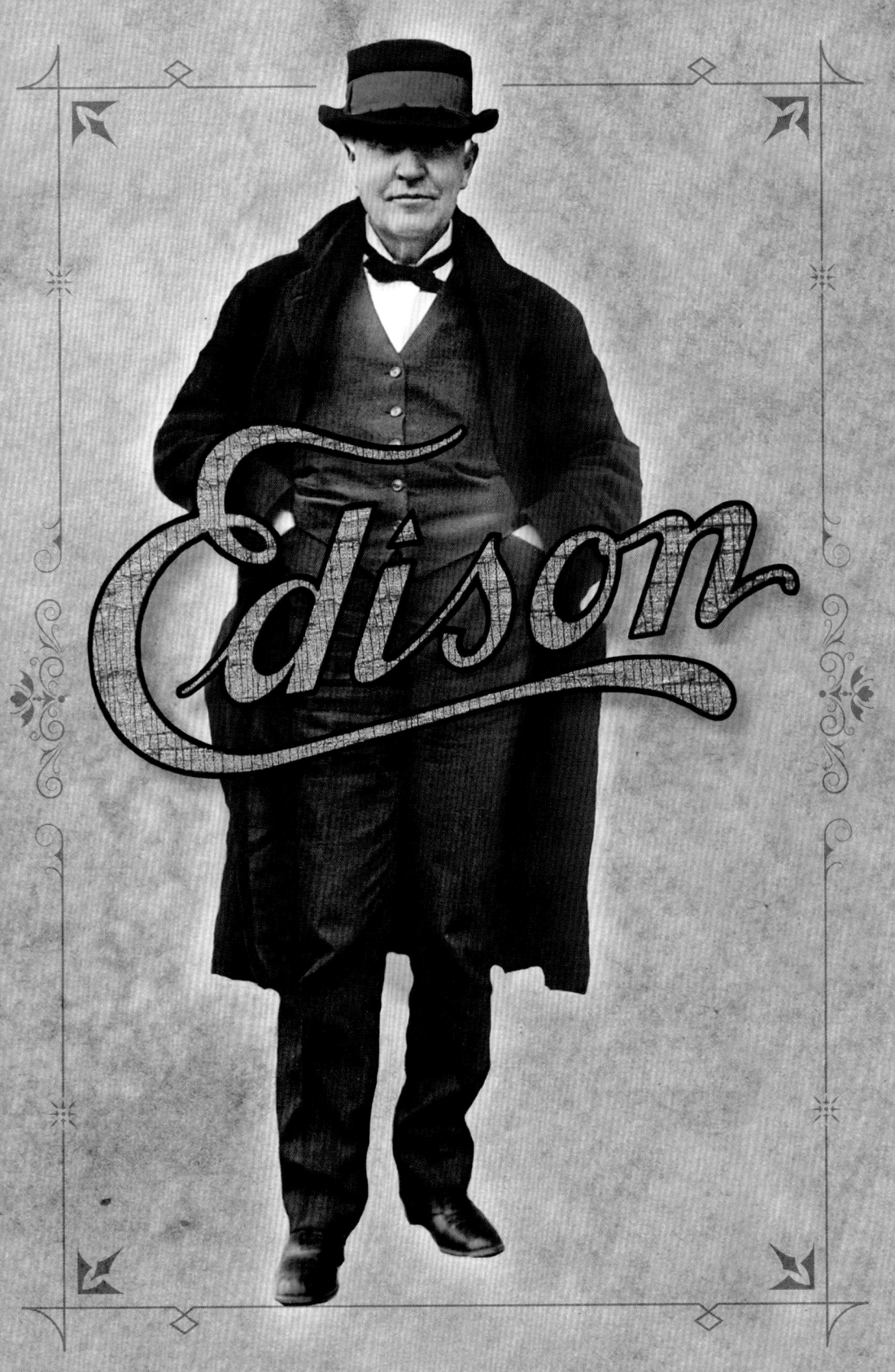

Thomas A. Edison
HE *HAD* TO INVENT!

ORN IN MILAN, OHIO, IN 1847, TOM EARLY HELPED SUPPORT HIMSELF.

PEANUTS, POPCORN, CANDY!

HE PUBLISHED A NEWSPAPER HIMSELF IN A CORNER OF TH...

目 录

序 xii
第一章　发明家降生 1
第二章　踏上发明之路 23
第三章　发明的艺术 47
第四章　名扬天下的留声机 73
第五章　家人与朋友 101
第六章　改良电灯泡 119
第七章　电流大战 139
第八章　爱迪生与摄影机 159
第九章　才华横溢 185
第十章　与众不同的身后遗产 201
致谢 221
参考文献 223
大事记 225
发明与专利 230
正文注释 233
图片来源 249

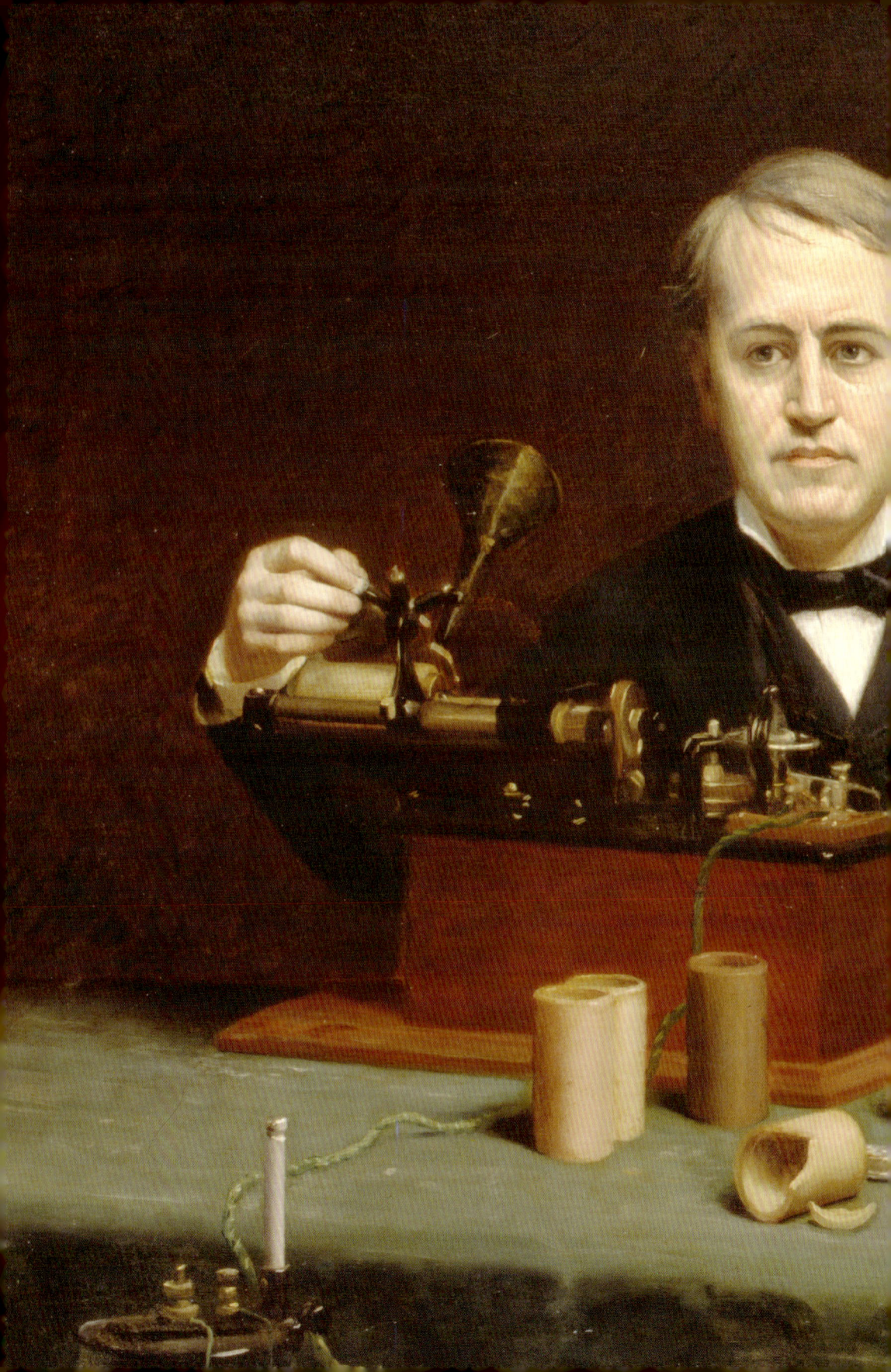

序

1862年时南北战争已经肆虐美国的各个角落。在一个雾蒙蒙的早晨，十几岁的托马斯·爱迪生拯救了一个小男孩的性命，而这一举动也为他今后改变亿万人生活的发明事业奠定了基础。当时爱迪生正在位于密歇根州克莱门斯山（Mount Clemens）的火车站逗留，目光凝视着在火车站旁移动着的货车。突然，他注意到火车站站长的小儿子吉米·麦肯齐（Jimmie MacKenzie）正在铁轨上玩耍，而吉米完全没有察觉到有一列火车正在快速驶来。爱迪生意识到危险就在眼前，于是"一个箭步冲向那孩子，将他一把抱起，毫无耽搁地举着他脱离险境，而车轮已经撞到了他的脚后跟"[1]。爱迪生和吉米摔倒在碎石路基上，脸和手都擦破了，幸好身体其他地方没有受伤。两个孩子被当时的情形吓坏了。作为对爱迪生英雄行为的回报，站长提出教爱迪生有关电报的知识，爱迪生欣然接受。他的这一决定极大地改变了自己的生活——以及我们的生活[2]。

在火车上讨生活期间爱迪生的耳朵聋了。他说曾经有那么一回他被人粗暴地拎着耳朵拽上火车，就在那一刻，他听到了"砰"的一声！打那以后，他的听力便逐渐衰退。另有一份文献指出，有一次，火车上的一个人用行李"扇了他一记耳光"。尽管原因并不十分明确，但爱迪生的听力确实每况愈下，这影响了他的创造力（他声称这一苦恼也促使他更好地集中精力）和做事情的态度（他不太容易听取别人的批评性意见）。他的听力问题在他漫长的职业生涯中反复出现，有时甚至扮演了一个讽刺的角色。

在一本早期的传记中，弗兰克·刘易斯·戴尔（Frank Lewis Dyer）和托马斯·康默福德·马丁（Thomas Commerford Martin）称爱迪生的青年时期"以办事能力卓越超群和对知识贪得无厌为标志"；在他们笔下，爱迪生是一个度过了40年发明生涯后依然会"埋头于那些他早已表现出令人难以置信的能力的工作中"的人，因为"他有着无与伦比的创造力、卓越的推理能力、超强的记忆力和让资源重生的能力"[3]。

第x和第xi页图：亚伯拉罕·阿奇伯德·安德森（Abraham Archibald Anderson）于1890年创作的爱迪生肖像画。

序

20世纪早期的贸易卡上刊登的爱迪生留声机的广告。

　　这是一个令人印象深刻的英雄传说,具体的故事更为复杂,而且托马斯·爱迪生并不总是一副令人崇拜的高大形象。尽管如此,爱迪生却是一位好奇心永不衰退的发明家,在改进电报技术方面做出了杰出的贡献;他还发明或改良了电话、留声机、摄影机,开发出了更为可靠的电气照明系统和电灯泡。爱迪生在研究铁矿石的开采与碾磨、混凝土建筑材料、电动汽车蓄电池,甚至在美国国内寻找汽车和自行车轮胎所需的橡胶来源等方面也有探索,但不太出名。在他的一生中,他也曾为两任妻子和6个孩子多多少少腾出一些时间,尽管这些时间还没有他熬夜工作的时间多。
　　本书对这位伟人的发明、私人生活、个人恩怨和身后遗产进行了全面介绍,通过一件件引人入胜的逸事、一个个富有启发性的故事,以及许许多多照片、卡通画、漫画,将其令人惊叹的事业和对人类社会不可估量的贡献呈现在您面前。

THOMAS A. EDISON IN HIS LABORATORY.

第一章
发明家降生

托马斯·阿尔瓦·爱迪生（Thomas Alva Edison）是家里 7 个孩子中最小的一个，但是在他出生的时候，这个家庭反而显得有些空荡荡的。1847 年 2 月 11 日，寒冷的雪天笼罩着美国俄亥俄州伊利湖附近一个名叫米兰（Milan, Ohio）的小镇[1]，就在这一天夜里，爱迪生降生了。爱迪生的母亲南希（Nancy）似乎沾染上了挥之不去的噩运，丧服一穿上就脱不下来了[2]，她热切地渴望更多新生命的降临，以取代那些不幸夭亡的孩子。她的一个儿子卡莱尔（Carlile）死于 1842 年，年仅 6 岁；一年以后，另一个儿子 3 岁的塞缪尔·奥格登（Samuel Ogden）又不幸夭亡；当时南希正怀着女儿伊莱扎（Eliza），然而伊莱扎也仅仅挺过了 3 年多，1847 年年底也离她而去了，那时爱迪生还是个只会哇哇啼哭的婴儿[3]。

顶图：儿童时期的爱迪生。
上图：爱迪生的父亲塞缪尔和母亲南希。

"小阿尔"（Little Al）（爱迪生中间名"阿尔瓦"的昵称）的降生成为家中的一大喜事，至少他所记得的童年是这样。可是爱迪生一直体弱多病，仿佛总是扛着异乎寻常的大脑袋（其实他的头型很正常）[4]，医生担心他得了脑膜炎[5]，不过好在他挣扎着熬过了孱弱的童年。在大部分时间里，小爱迪生还不得不与孤独抗争。在他刚出生的时候，长姐玛丽昂（Marion）已经成年，说起来她倒可以称得上是与爱迪生真正同甘共苦的人。然而到了 1849 年，也就是爱迪生 2 岁时，20 岁的玛丽昂结了婚并从家里搬了出去，而小爱迪生无法原谅姐夫把姐姐从自己身边夺走[6]。

此后不久，他的哥哥威廉·皮特·爱迪生（William Pitt Edison，中间名 Pitt 取自英国首相）[7]和姐姐哈莉特·安（Harriet Ann）也搬出去住了。至此，我们的小阿尔实质上已经相当于独生子女了。

爱迪生的哥哥姐姐们都出生在加拿大安大略省的维也纳（Vienna, Ontario），这座小城坐落在伊利湖的北岸，与米兰隔湖相望。爱迪生的曾祖父约翰（John）在 102 岁高龄时还精神矍铄，他曾经是保守党派成员，在美国独立战争时期参加过反抗英国的斗争，还差点被送上绞刑架，后来侥幸逃到了加拿大[8]。爱迪生的父亲塞缪尔（Samuel）继承了家族的反抗血统，这回反抗的却是加拿大政府。多年以后，爱迪生这样回忆自己的父亲："他永远是个反抗者，同情南方民主党人，有着矢志不渝的炙热之心，视杰克逊将军（General Jackson）为英雄。"[9] 塞缪尔·爱迪生的行为不可避免地让越境移民再次成为他们生存下去的必然选择[10]：他加入了 1837 年的那次短暂的"麦肯齐叛乱"事件，叛乱失败后，他仓皇逃离加拿大，在美国密歇根州稍作停留，最后来到俄亥俄州的米兰小镇[11]。曾祖父约翰一家不久也来到这里。在此期间，一位新的家庭成员降生了，塞缪尔终于又开启了新的人生[12]。"小阿尔"这一昵称正是来自他们家族的老朋友、大恩人阿尔瓦·布雷德利（Alva Bradley）上尉，他是五大湖上的一位私人船主，成功帮助约翰一家逃离了加拿大。现在，托马斯·阿尔瓦·爱迪生降生了，他也成为爱迪生家族在米兰出生的孩子中唯一幸存下来的[13]。

托马斯·阿尔瓦·爱迪生在俄亥俄州的米兰镇出生的地方。

米兰看上去还真是个蒸蒸日上、充满活力的小镇。爱迪生的父亲塞缪尔在这里办了一家小型砖瓦厂和一家饲料企业[14]。他是个不错的木匠，还是个很成功的土地投机商，他给自己家盖了一栋漂亮的房子，直接过上了"小康生活"[15]。与俄亥俄州、印第安纳州和伊利诺伊州的部分地区一样，19 世纪

第一章　发明家降生

14岁时的爱迪生。

早期的米兰也由于"国内改进"运动变得热闹起来（"国内改进"的英文为 Internal Improvements，原是美国历史早期人们称呼交通建设的用语。1801～1833年，由于自身发展的需要，美国进行了大范围改革，这对后来美国的政治、经济和社会生活产生了深远的影响——译者注），当地人挖运河、修铁路，并与商业活动更为活跃的美国东海岸地区的人们开展贸易。

不幸的是，原来建设规划中的一条铁路在实际建造时改道绕过了米兰，而许多粮食承运商又因为有了一个新兴的港口桑达斯基（Sandusky）而忽略了这个小镇，米兰的经济开始走下坡路。精明的塞缪尔也同样看衰米兰的前景，于是他决定再次搬家，回到曾经短暂逗留的地方——密歇根州的休伦港[16]（Port Huron, Michigan）。在那里，他做起了木材生意，投资了房地产，甚至还建了一座观光塔，游客可以购票登塔，饱览休伦湖的壮丽景色[17]。

爱迪生在7岁那年第一次坐上了蒸汽机船，然而差不多也就是在船刚刚靠岸后，他就得了猩红热！虽然他活了下来，但随后经历了几乎持续不断的上呼吸道感染，还有——可能是最糟糕的，与他未来发明留声机有关的——他的听力进一步恶化[18]。

年幼的爱迪生与姐姐的合影。

这样一来，对爱迪生来说，上学就不是件容易的事了。1854年秋，爱迪生进入了牧师恩格尔（Reverend G. B. Engle）的学校。恩格尔先生是个非常教条、刻板、纪律严明的人，他的教学方法就是死记硬背[19]。容易分心的爱迪生是不可能在这样的环境下有好的表现的，于是他逃了出来。恩格尔的妻子把爱迪生称为"糊涂虫""幻想者"，这显然不是什么恭维之辞[20]。爱迪生的母亲非常愤怒，意志坚强的她把爱迪生从学校领回家，开起了"家庭学校"，为爱迪生制订了严密的学习计划，不仅包含了所有科目，而且还有阅读和记忆课程。最为重要的是，爱迪生在阅读

方面显得十分贪婪,在母亲的指导下,他读了吉本(Gibbon)的《罗马帝国衰亡史》(The History of the Decline and Fall of the Roman Empire)、休姆(Hume)的《英格兰史》(History of England)、西尔(Sear)的《世界史》(History of the World)、伯顿(Burton)的《忧郁的解剖》(Anatomy of Melancholy)和《科学辞典》(Dictionary of Sciences)[21]。

后来,爱迪生曾短暂地在休伦港的一所学校里学习过一段时间,理查德·格林·帕克(Richard Green Parker)的《自然和实验思想的学习纲要》(A School Compendium of Natural and Experimental Philosophy)让爱迪生对科学的兴趣油然而生[22],另外一本他很喜欢的书是卡尔·弗雷泽纽斯(Carl Fresenius)的《化学分析的课程体系》(System of Instruction in Chemical Analyses)[23]。他还尝试阅读牛顿的《自然哲学的数学原理》(Mathematical Principles of Nature Philosophy),但是后来他不得不承认自己在数学上遇到了障碍,因为这本书显然超出了他的能力范围。不过,他出色的记忆力令他几乎过目不忘[24]。

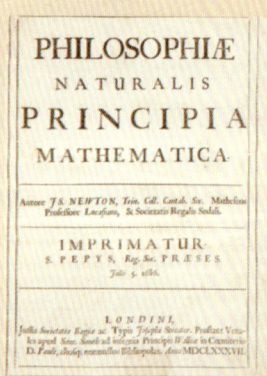

> 如果说有人能挖掘出书本中的精髓并烂熟于心,那么这个人必是爱迪生,而且只要是对他的实验有所裨益的信息,他向来都是过目不忘的。[25]

早年爱迪生身上就显露出一种特质——对任何事物都刨根问底,这种特质也预示着他将来会拥有什么样的爱好。然而讽刺的是,这种特质居然让他的父亲一度怀疑他是不是有些弱智。小爱迪生想知道任何事情,他毫无止境的提问几乎把父亲折腾得筋疲力尽。一位传记作者曾形容年轻时的爱迪生拥有"红松鼠般的求知欲"[26]。他会在造船师傅身边转悠,询问他们造船工艺、

第一章 发明家降生

蒸汽动力、航海技术以及任何他能想到的问题。如果仅仅说他是个好奇的孩子,那实在是太过轻描淡写了[27]。

爱迪生喜欢冒险,喜欢别出心裁。他能记住大段大段的文字,他在5岁前就可以背诵"伐木工人和运河建筑工人吟唱的所有歌谣"[28],这是对他出众记忆力的很形象的描述。当尚未铺设完成的街道被雨水淋得泥泞不堪的时候,爱迪生会用木板在院子和工厂外铺出几条小路来。有时候我们这位年轻发明家的好奇心也会给自己招来麻烦:在研究燃烧现象时,他不慎烧毁了自家的谷仓,结果他被拉到镇里的广场上,当众受到鞭刑惩罚以儆效尤;在挖大黄蜂的巢的时候他被一只疯狂的公羊攻击;他还不止一次差点在运河中淹死,也差点被谷物升降机上的一堆小麦"淹死"[29]。还有那么一次,他童年的小伙伴乔治·洛克伍德(George Lockwood)不幸溺亡,而当时爱迪生就在现场。

年轻的爱迪生对化学有着浓厚的兴趣,他家中的地下室里收藏着200多瓶化学制品,有的瓶子上还仔细地贴着警示标签"毒",目的是防止别人乱动。他经常去当地药店里端详,无休止地向店员提问,这让他对大部分化学药品了如指掌。他从图书馆里借来化学书、物理书,参照里面的内容做起了实验,"曾在科学书籍上看到的实验过程如今能够亲手实现了,这让爱迪生十分满意"[30]。这些实验让爱迪生熟悉了早期电池是如何工作的,电流又是如何产生的,毫无疑问在后来的人生中这些知识派上了大用场,最终让他成为一名了不起的电气专家[31]。

号外!号外

渐渐地,米兰在铁路运输方面显现出其重要性,铁路如雨后春笋般在这里发展起来。与此同时,当地人对电报这项新技术产生了浓厚的兴趣。爱迪生很喜欢花时间在铁路站场与调度员、工程师聊天。11岁时,他还在套着货车的马背上卖蔬菜呢,等到了12岁他就在大干线铁路(Grand Trunk Railway)公司寻到了一份工作,这家公司经营着休伦港与底特律之间约100千米长的一条线路,爱迪生成为这条线路上忙碌的"新闻哥"[32]。

在火车上跑新闻是件苦差事,需要经常出门在外。通常爱迪生要搭乘早晨 7 点开往底特律的火车，晚上 9 点才返回休伦港[33]。爱迪生在狭长的火车过道内来来回回叫卖报纸和杂志，再顺便卖些糖、水果，以及他可以想到的其他能卖的东西。

爱迪生很快就成为一个成功的小商贩，他推测自己能挣到很多钱，不管是在车厢内叫卖还是在火车站内的商店里出售商品。"他在休伦港开了两家店铺，一家销售报纸和杂志，另一家售卖蔬菜、黄油和当季的浆果。[34]"他雇了两个小伙子经营店铺，然后从获得的利润中拿出一部分给他们支付报酬。随着固定商店和移动商店分别到位，爱迪生开始从沿途车站的当地农民手中以批发价收购农产品，随后以折扣价卖给那些替妻子买菜的铁路员工们；而作为回报，他们对爱迪生在火车上存放蔬菜这件事便睁一只眼闭一只眼了（他们还称赞爱迪生很"勤奋"）[35]。爱迪生还不满足在一列火车上卖报刊，于是他雇了人在其他火车上卖。

在大干线铁路公司卖了几年报刊后，爱迪生认为如果自己也出版报纸的话一定能挣更多的钱，于是他购买了一台二手印刷机。爱迪生赢得了工程师和列车员的信任与宽容，他被允许在行李车厢里经营自己的报业——一座移动新闻产品制作中心诞生了。1861 年，美国南北战争爆发，人们非常关注前线的战况，而南方正是爱迪生开展贸易的地方[36]。除了报道战争的消息，爱迪生还关注"当地新闻、列车时刻表、出生公告、商业广告，以及鸡蛋、黄油、蔬菜的价格等"，所有这些信息最低只需要花费一个月 8 美分的报纸订阅费即可获得[37]。爱迪生报纸的订阅量逐渐增长到 400 份，他写得又不错，因此深受好评；对这样一个集"排版工、印刷工、编辑、出版商、经销商"

正在印刷《大干线铁路先锋》(*The Grand Trunk Herald*) 周报的爱迪生。

第一章 发明家降生

于一身的10多岁的孩子来说，能有这样的成绩还真不赖[38]。

随着生意越来越好，爱迪生开始向车站的站长提要求，希望使用电报向人们发送新奇刺激的新闻标题，这样充满好奇心的老主顾们就会守候在站台上来购买他的《大干线铁路先锋》（*The Grand Trunk Herald*）周报了[39]。电报技术为爱迪生带来了难以置信的福音。在其中一个车站，以前可以卖出2份报纸，而采用电报技术后可以卖出35份了，并且数量持续快速增长。而在另一个过去能卖出6～8份报纸的车站，虽然爱迪生把报纸售价从5美分涨到10美分，但是几分钟内报纸就被一抢而光了[40]。

爱迪生看到了一个至少有着1000份订阅量的市场，然而自己只有生产300份的资金，他决定去寻找投资者，于是他走进了《底特律自由报》（*Detroit Free Press*）报社的办公室。报社的一个人谢绝了他，不过威尔伯·斯塔里（Wilbur F. Storey）[后来创办了《芝加哥时报》（*Chicago Times*）]决定资助这位年轻人[41]。不久以后，爱迪生的报纸每天均告售罄，他的经营活动甚至被当作最早也是最成功的移动印刷出版的案例，出现在了伦敦《泰晤士报》（*The Times*）上[42]。报纸的需求量太大了，以至于爱迪生必须在火车到达休伦港车站前几百米就跳下车，另一个孩子在那儿推着一辆小车等着他，然后他们飞奔到镇子边上，扎入人群之中，爱迪生大嚷着：

"看报啦！25美分一张！先生们，只够卖一轮的！"他很快就把报纸卖完了，换回"一大笔钱"——对当时的爱迪生来说，这确实是一大笔钱。[43]

爱迪生是个闲不住的人，他还利用在火车上的时间做化学实验。就像在自己家地下室那样，爱迪生在他的移动印刷厂旁没用的行李车厢里堆放着各式各样的化学品。不久，他就带着大量的实验设备接管

上图：爱迪生站在火车站台上准备销售他的商品。
第8和第9页图：12岁的爱迪生正在兜售报纸、香烟和水果。

爱迪生：现代世界的发明者

年轻的爱迪生正在售卖报纸。

了这节车厢，把地下实验室的大部分东西都搬进了这个移动平台中。上午 10 点，大干线铁路公司的火车到达底特律，直到下午才会返回休伦港，于是爱迪生就有了充足的时间在他的移动实验室里捣鼓[44]。乔治·普尔曼（George Pullman），也就是后来以发明卧铺车厢而闻名的普尔曼，甚至还为他制作了放置化学品的木座。看来，我们这位年轻的"见习化学家"真是顺风顺水啊！

没过多久，灾祸即临头。有一次火车在经过一处岔道时发生了意外的震动，导致一些瓶子和化学试剂从桌面和橱柜中飞出。"一条磷棒从橱柜中飞出，掉落到地面上，瞬间燃烧了起来。[45]"不管爱迪生怎么扑救，大火仍蔓延开，最后直到"一位脾气暴躁的苏格兰人"及时赶到才算是把车厢给保住了。他是火车上的售票员兼行李管理员。他扑灭了大火，但对爱迪生来说，几乎所有的东西都被付之一炬了。

当列车到达下一站克莱门斯山站时，爱迪生和他的全套实验装备以及印刷机，被愤怒的列车员毫不迟疑地扔了出去。火车开走了，站台上只留下眼泪汪汪、愤懑不平的爱迪生，站立在自己心爱的、却已经被毁了的东西中间。[46]

第一章 发明家降生

后来,爱迪生重新在自家的地下室中做化学实验。不过,鉴于此前发生的事故,他必须对家人做出承诺,不再把任何危险品带入室内。爱迪生也重新把自己的报纸印刷车间建立起来,继续办他的《大干线铁路先锋》周报。最后,这份报纸更名为《猎奇者》(*Paul Pry*),变成了扯闲篇的低等小报。说起来,这中间还发生过一件令人不愉快的事情,让别人有些说长道短的。这件事情让爱迪生最终放弃了刚刚崭露头角的记者生涯,不过他并没有停止写作[47]。

年轻的爱迪生在做实验时引发火灾,火车车厢内燃烧起来并向外喷出浓烟。

在大干线铁路公司的这段经历为爱迪生创造了提升其创业技能的绝佳机会,也让他获得了相当可观的收入。这段经历还使他接触到一些日后让他开启发明生涯的关键技术。他在火车上卖报纸的时候,电报技术真真切切地帮助了他,这项技术也成为他未来人生中不可或缺的部分。

学习电报知识

美国南北战争期间,电报成为一种关键的通信方式,一方面它能把最新的消息从前方传回来,另一方面又可以把战争策略从总统亚伯拉罕·林肯(Abraham Lincoln)和战争部长埃德温·斯坦顿(Edwin Stanton)那儿传送出去[48]。当时流传着一首歌谣,淋漓尽致地表现了电报的能力:

  湖河山川,战火连天;
  电报传信,快如闪电。[49]

当时,爱迪生(当年15岁,终于不再被人叫"小阿尔"了,而是"汤姆"[50])将其大部分报纸业务分包出去,精明的他则亲自经营休伦港至克莱门斯山路段的生意,这样他可以每天抽出一部分时间跟随詹姆斯·麦肯齐(James MacKenzie)学习电报知识。爱迪生有了一个很不错的开头[51]。他很快就学会了莫尔斯电码,这是一套由点(dot)和划(dash)组成的语言体系("点"指短音,有时也被读作"嘀";"划"为长音,有时也被读作"嗒",标准"划"的长度是"点"的3倍——译者注),专门用于以电报的方式传输信息[52]。他甚至把一台极为原始的电台搬到了工作的地方,这是他在底特律的一家枪械商店里自己组装的[53]。

就这样,爱迪生突击学习了几个月,每天学习几乎18小时,随后他自己铺设了一条电报线路,连接着火车站和镇上的一家药店,两者距离大约1.6千米。随着南北战争的持续进行,报务员的需求量变得非常大,爱迪生也成为在休伦港的迈卡·沃克(Micah Walker)的电报助理[54]。电报机设在珠宝与书报商

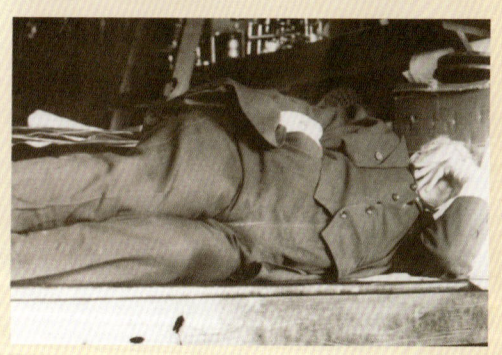

顶图:"猫电池实验"——爱迪生年轻时做过的几个不太成功的实验之一。
上图:爱迪生正在做著名的"猫式打盹儿"。

店,爱迪生就在那儿没日没夜地工作,经常睡在那里。爱迪生对此有过记录:

> 我对沃克先生来说是很有价值的。除了白天的工作以外,晚上我也会来到办公室,因为那些新闻报道一直会通过专线传过来,直到凌晨3点。我会尽可能地截取电码并复写,这样我的业务就能越来越熟练。[55]

不久之后,爱迪生又获得了一份新工作,还是在大干线铁路公司,就是他刚开始做报童、崭露头角的地方。他成功地得到了自己最喜欢的夜班工作机会,这样几乎一整天他都能做实验。爱迪生在斯特拉特福德枢纽站(Stratford Junction)值守,就在美国与加拿大的边境线旁,越过边境线

斯特拉特福德枢纽站。

就是他的故乡，如果有必要的话，亲戚还能照料他。事实上爱迪生不需要关照，或者说，至少他根本不在乎这个。在承担收发电报信号工作的同时，爱迪生也有可能会阅读科学期刊，或者溜出去购买化学品，或者不知所踪——其实他在做实验，亲手验证那些从期刊上看到的实验[56]。他经常淘来一些重要的设备和零件——爱迪生经常不过问便从钟表匠和其他人那里拿来工具——他总是不知疲倦地专注于手头上的工作。

这意味着他在报务员的本职工作上并没有足够的专注度，虽然这份工作的收入为一个月 25 美元，在 1863 年这已经是相当可观的收入了[57]。当时办公室的工作并不是特别忙，但是当爱迪生忙于他的化学或电学实验的时候，一些信息常常没有被他记录下来或发送出去[58]。然而有时候，凭借着富有创造力的大脑，爱迪生也可以把这个职业与其他工作巧妙地结合在一起。作为一项惯例，在漫长的夜班时间，斯特拉特福德枢纽站和其他地方的报务员每隔一小时就需要向调度室发送数字"6"的电码，以确认在岗。因为爱迪生差不多整天都在忙碌，缺乏睡眠，所以有时候难免无法保持清醒，但是他很快便"发明"出一种可以蒙混过关的办法：

他制造了一个小齿轮，边缘有几个 V 形缺口。他把它固定在一台时钟上。这样，在线路很安静的时候，值夜班的人只要开启时钟，齿轮每小时就会转一圈，按要求发送所需的"点"的代码[59]。

> 73次列车已经通过！它们要相撞啦！

> 上73次停下！有别的列车！

> 停车！停车！

第一章 发明家降生

这项发明很成功,直到被人发现。因为虽然爱迪生每小时都发送了信号,但是对即时的询问他并没有回应(毫无疑问,他正在睡觉)。责备看上去也没起到什么效果,他总是尽可能地在椅子上打盹儿,这导致了他的铁路报务员职业生涯即将终结。有一天,爱迪生从短暂的睡梦中醒来时刚好错过了一个电话,让他拦停一列火车,现在这列火车正在单线铁轨上毫无阻拦地行驶着。爱迪生尝试发电报给前方正从反方向开来的火车上的工作人员,让火车停下来,但是没有成功,他只能撒开双腿去追,结果掉进沟里,把自己摔得"失去了知觉"[60]。多亏了两列火车上的工程师精神高度集中,以及一些运气,这才避免了一场灾难[61]。

作为一名夜班报务员,托马斯·爱迪生打瞌睡的习惯是其"首项发明之母"。

举报电话打到经理办公室,爱迪生知道自己命运堪忧,他趁人不备逃出房间,跳上一列货运火车,然后再换乘渡轮,回到了休伦港。他先发制人,突然从大干线铁路公司辞职了[62]。

不过这件事并没有导致爱迪生铁路报务员职业生涯的终结。1864年至1867年,他作为许多年轻单身男性中的一员供职于电报公司,那是一个临时岗位。他在中西部地区来来回回,足迹遍布密歇根州、印第安纳州、宾夕法尼亚州、肯塔基州和田纳西州[63]。这些高水平的技术工人在当时是很抢手的,因此这段时间爱迪生一直在做着这份工作[64]。他已经对如何维修和调整设备(以及发送和接收信息)有了完整的认识,他也是极少数致力于改进电报技术的人之一[65]。

电报技术主要有两个方面:发送信息和接收信息。对爱迪生来说,后者

第一章 发明家降生

更有意思,所以他很喜欢在值夜班时等待"新闻社发送来的大段的报纸信息"[66]。爱迪生总是思考未来,1867年时他已经在一本笔记本上画了一张草图:"设计一种新传送设备,能把收到的信号增强;中继器能让信息进行长距离传送;具有多个电路的设计可以在同一线路上发送一条以上的信息"。这些设计上的想法将在不太遥远的未来为他提供巨大的帮助。

在电报电路问题上摸索多年后,爱迪生被邀请到波士顿参加西部联合公司(Western Union Company)的面试。他抓住了这次机会,不过他差点就没能到达。1868年年初,他登上了大干线铁路公司的一列火车,开启了从密歇根州到波士顿的长途旅程,但是一场猛烈的暴风雪将火车前进的道路完全阻断。在滞留了4天后,爱迪生最终到达了波士顿,而他只有身上这一套衣服。当他出现在面试会场的时候,看上去一点也不像公司所期待的那

Cable Address "Edison, New York"

From the Laboratory of *Thomas A. Edison,*
Orange, N.J.

T. A. EDISON.
Electric Vote-Recorder.

No. 90,646.   Patented June 1, 1869.

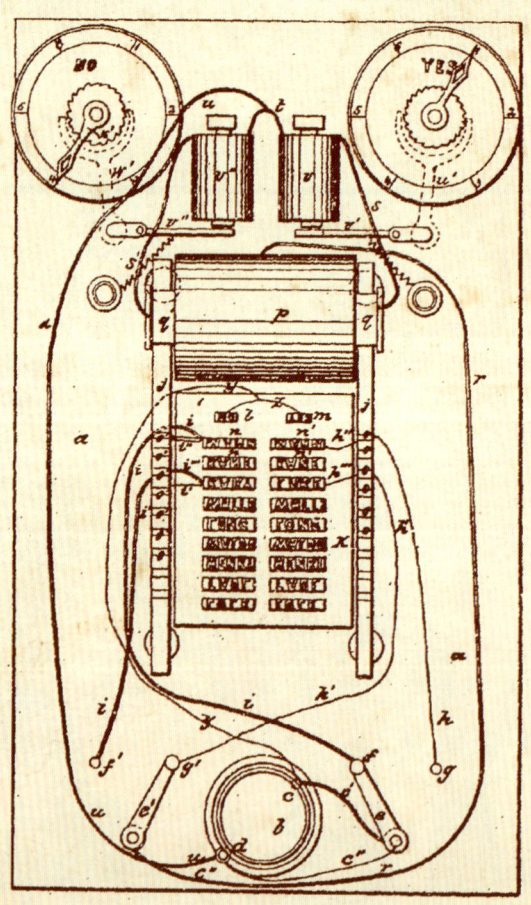

Witnesses.
Carroll D. Wright
DeWitt C. Roberts

Inventor.
Thomas A. Edison.

第一章 发明家降生

16 岁时成为报务员的爱迪生。

种样子[67]。不过，他的名气和技术足以帮他获得理想的夜班工作，他最后成为"颇有名气的'纽约电报一号线'的收报员，专门接收来自纽约的新闻"[68]。爱迪生在西部联合公司的波士顿办事处仅仅工作了一年，不过，在此期间他所做的一系列雄心勃勃的实验预示着他必将成为一名发明家。

第二章
踏上发明之路

爱迪生衣衫褴褛地站在庄严的西部联合公司门口的台阶上，不过他充满信心，相信公司管理层能透过粗陋的外表，看到他具有深刻见解的内心[1]。西部联合公司创办于南北战争之前，后来随着战争期间电报的广泛使用，这家公司开始飞速发展，吞并了离它最近的几个竞争者，逐渐成为行业的中坚力量[2]。这恰恰是爱迪生渴望的工作环境。在面试时，办公室经理乔治·米利肯（George Milliken）对爱迪生的印象非常深刻，他宣布立即雇用这位21岁的年轻人。当被询问何时能开始工作时，爱迪生爽快地回答说"现在"。于是当天下午5点30分，爱迪生就走上了工作岗位[3]。

这位穿着随便的"西部人"，在衣着正规且受过传统教育的东部人看来，多少有点像乡巴佬，所以他们给他设了一个局。据爱迪生回忆：

> 他们给了我一支笔，把我指派到"纽约电报一号线"。在等了一小时之后，我被叫到一张办公桌前，说是替《波士顿先驱报》（*The Boston Herald*）接收一份特殊的报告。事实上，他们的同谋早已安排了纽约的一个手速较快的人发送这份急件，想捉弄我这位新人。我毫无提防地坐在办公桌前，这个纽约人开始慢悠悠地发报了。不久，他就开始加速了，不过我很轻松地适应了他的节奏，这使得我的竞争对手鼓足勇气，拼尽全力。他很快就达到最快速度了。此时，我恰巧偶然抬头，看见所有的操作员都低头看着我呢，他们的脸上露出欣喜与激动的表情。我这才知道他们想考验我，不过我默不作声。随后，那个纽约人开始故意把单词搞得混乱不清，他把单词连在一起写，拖泥带水，但是我在接收信息时已经习惯了他的这种发报方式，一点也没觉得不舒服。最后，我觉得闹得差不多了，这场

对页图：1900年，爱迪生的形象出现在一张法国巧克力糖果的贸易卡上。

特殊"照顾"也该结束了,我平静地打开电键,以发电报的方式对这位纽约的朋友说:"嘿,年轻人,歇歇吧,不如你换另一只脚发报吧。"这让那个发报员难堪死了,他不得不让另一个人来收拾残局。[4]

就这样,爱迪生折服了新公司的员工。

爱迪生在西部联合公司每个月能挣125美元。更重要的是,这个工作为他提供了大量的可支配时间和接触设备的机会,让他可以继续开展独立研究。在波士顿时,他买了迈克尔·法拉第的好几本著作。法拉第是在电学领域最重要的实验先驱之一,同时也是电磁感应之父[5]。那时,"与电打交道的人群无非报务员,以及为学校制作简单电学原理演示仪器的商人"[6]。爱迪生拿电报设备和电进行实验,并且"对于自己能够改良日常操作的仪器这件事有着坚定的信念"[7]。在前往西部联合公司上夜班之前,他整天都在自己的临时实验室里工作。

在这样工作一年以后,爱迪生发现他越来越难以在报务员和更感兴趣的业余活动之间取得平衡。1869年1月30日,他在《报务员》(*The Telegrapher*)上刊登了一则告示:

T.A. 爱迪生先生决定辞去在西部联合公司马萨诸塞州波士顿办事处的工作,他将全身心地投入到自己的发明创造中。[8]

那年他只有22岁。

当时他试验了改良电报的多种方法,包括将莫尔斯电码转为英文输出。爱迪生设计并创建了一种操作模型,这成就了他的第一个获得了专利的发明——投票记录仪[9]。这些年来,爱迪生通过电报收发新闻内容和"记录冗长的国会议事流程",他注意到一个"浪费了大量时间的愚蠢环节,即喊出议员的名字,记录并统计他们的选票。投票过程往往耗费数小时",但爱迪生发现这一环节完全能在片刻之内完成[10]。他制造了一台基于电报技术的仪器,每一位投票者"仅仅按动一下桌子上的特殊按钮"就可以对任何法案进行投票[11]。国会主持会议的主席因此能坐在议长席观察"两个不断变化的刻度盘分别显示的'支持'和'反对'的总票数"[12]。这台仪器之后将投票

对页图:西部联合公司波士顿办事处。

爱迪生的第一项获得了专利的发明：投票记录仪。

数传送到一台中央记录仪，后者能快速提供一张关于任何议题的任何投票方的姓名清单[13]。投票记录仪运转快速且精确。

不过这同样也是一场彻底的失败。当爱迪生的同事们向对此有需求的华盛顿特区国会委员会的委员们展示投票记录仪时，这台仪器的运行堪称完美。但是，没想到这台仪器并没有引起他们的兴趣，委员会主席反而大感震惊：

年轻人，如果说这个世界上有什么我们不希望存在的发明，那么一定就是它了。对于少数派而言，防止不善方案通过的最强大的武器之一就是投反对票，然而这个发明阻止了这一行为。[14]

爱迪生得到了深刻的教训。他下定决心要发明一些"真正的、有需求的、能够满足人类迫切需要的东西"[15]。也许他不能总是遵守这一原则，但他真切地明白了"了解市场对新产品的需求"的重要性[16]。

爱迪生的通用证券报价机。

第二章 踏上发明之路

证券报价机

投票记录仪被彻底抛弃后，爱迪生开始更专注于如何改进电报系统上[17]。他在西部联合公司的工作给了他大量做独立实验的闲暇时间；如今，这种弹性的工作却被看作与兴趣相冲突。到1869年1月30日爱迪生刊登辞职声明时，他已经与两位资助其改进印字电报机的波士顿投资家签订了合同[18]。印字电报机更广为人知的名字是证券报价机，事实上它早已问世，但爱迪生的改进版操作更加简单快捷。后来，他开始做起了这种机器的生意。

事实上，他是匆匆忙忙地介入证券报价机生意的，信息订阅者会收到以电报形式发送的证券价格清单，该清单随后通过打印在连续纸带上呈现出来[19]。在宣布先后已有三四十位订阅者之后[20]，爱迪生决定动身去纽约，因为他认定在波士顿永远不可能赚到大钱。

立足纽约

爱迪生搬到纽约的时候正陷入巨额债务中。当时他早已在研发双工电报方面取得了长足进步。这一技术使得两条独立的信息同时在同一条线路中传输成为可能[21]，但他需要资助来确保这一技术以及他本人获得成功。

第一步，他得获得一份工作。他申请了西部联合公司曼哈顿分部的报务员岗位。几天后公司才回复他，这段时间爱迪生在劳斯新闻电报公司（Laws Reporting Telegraph Company）的电池实验室里度过[22]。在那里，他能够研究该公司用于收集和向用户发送证券价格信息的复杂机器[23]。就像今天一样，当时证券交易是一件令人狂热的事情，关于证券价格和趋势的即时通信让办公室的嗡嗡声始终保持着疯狂的节奏。

随后，机器坏了[24]。

> 这台复杂的机器正在向所有线路发送信息，制造出巨大的噪声，然而随着一声巨响，机器突然停止工作。在2分钟内，超过300人陆续冲上楼叫嚷着："某某某的线路坏了，赶快修！"[25]

第28和第29页图：从西部联合公司纽约大楼北窗望出去的百老汇大街街景。

不出所料，办公室陷入了混乱与恐慌之中。并没有被这家公司聘用的爱迪生却清楚地知道问题出在了哪儿。"无数的连接弹簧中有一个折断了，卡在了两个齿轮之间，令机器停止了运转。"这时，公司老板塞缪尔·劳斯（Samuel Laws）走到楼上。当爱迪生说他知道该怎么做时，劳斯回答道："修好它！修好它！快点！"[26]

爱迪生仅仅用了几小时就修好了，这家公司连同华尔街又重新回到创造财富和损失财富的生意中了。爱迪生也时来运转：劳斯宣布正式聘用他，并为他安排了一个掌管整个公司的机器运作的岗位，月薪300美元，比他之前的最高收入多出1倍[27]。爱迪生在纽约的新生活因而有了一个良好的开端。不幸的是，这份工作仅仅维持了4周，因为该公司与竞争对手合并了[28]。

与波普的合作

爱迪生不断寻找能够延续自己发明事业的方法。出于对"黑色星期五"[29]的恐惧，投资家和公司对于投资不知名的发明家感到不安，好在爱迪生在劳斯新闻电报公司时就认识了富兰克林·波普（Franklin L. Pope）。波普是一位具有影响力的电报工程师，他掌握的技术对爱迪生来说是很好的补充[30]。1869年10月1日，波普和爱迪生与《报务员》的编辑詹姆斯·阿什利（James Ashley）[31]一起创办了一家提供电报工程和咨询服务的公司，致力于研制和生产改进型电报系统[32]。爱迪生在新泽西州的泽西城（Jersey City）建立了一个小型车间，并寄宿在波普位于伊丽莎白（Elizabeth）的家中[33]。

爱迪生和波普保持着密切的联系，他们还经常给西部联合公司和其他电报公司当顾问，二人富有成效的合作的价值不断提升[34]。在研发了一台单线证券报价机之后，他们开始研发一款专门记录黄金报价和白银交易的系统。他们以折扣价格推出了"标准指标服务"（Standard Indicator Services）系统，并很快获得了成功。后来他们的产品开始吸引那些私人电报线路客户。租借一台设备所需要的租金为100美元，另加每周25美元接收即时证

对页图：位于纽约的西部联合公司大楼。
第32和第33页图：西部联合公司纽约办事处主操作间，装有一套发送信息的气动系统。

富兰克林·波普。

券价格和信息的服务费。这些早期的发明和服务不仅给爱迪生和波普带来了巨大收益,而且他们公司的产权也被逐步壮大的黄金与证券电报公司(Gold & Stock Telegraph Company)完全买断收购。因此,这两位发明家有了定期收入来确保能继续研发新产品[35]。然而,后来他们的关系变了味,因为波普和阿什利发现爱迪生越来越不可靠,他经常会做一些与公司目标不太一致的安排[36]。

爱迪生对他们三人的分道扬镳并不太在意,他继续寻求与外部资助者的合作。黄金与证券电报公司的负责人马歇尔·莱弗茨(Marshall Lefferts)向爱迪生提供了许多必要的资金,他希望利用爱迪生来强化自己公司在印字电报技术方面的优势地位,而这项技术是证券报价方面的核心[37]。爱迪生很愿意贡献他的专长。1870年的早些时候,他收到了来自莱弗茨的两份要求改进证券报价机的合同,合同提供了诱人的酬劳,其中包含了实验室场地的租金和所需的设备。有了如此财力作为后盾,爱迪生搬到了新泽西州的纽瓦克市,与机械师威廉·昂格尔(William Unger)一起设立了一座实验室,取名为"纽瓦克电报工厂"(Newark Telegraph Works)[38]。

第二章　踏上发明之路

在此期间，爱迪生专注于研发一台"特殊的收报机"，它将被运用在纽约、伦敦和其他主要金融中心，成为无处不在的"通用证券报价机"[39]。曾参与南北战争并荣膺将军头衔的莱弗茨持续投资项目的研发工作，并希望爱迪生能最终圆满完成该项发明。他把23岁的爱迪生叫到办公室，随后问道："现在，年轻人，我想要买断你的发明，你认为应该收多少钱？"爱迪生考虑了一下，依据他所花费的时间和精力，他估计大概得有5000美元，不过他想说3000美元。幸运的是，他没有勇气直接给出这个似乎有些巨大的数字，而是说："好吧，将军，也许你能给我个报价。"

"40000美元能否打动你呢？"莱弗茨问道。[40]

爱迪生都快晕过去了。他之前总是将自己咨询服务的报价建立在研发一项新产品所需的时间之上，但现在他意识到，根据产品对买方的价值而确定价格显然更为合理。这给他上了一堂让他受益匪浅的颇具价值的商业课[41]。

大展宏图

新资金的注入，以及在老东家和新公司所表现出的忠实度把爱迪生带入一个更为广阔的发明领域[42]。爱迪生并没有将大量的现金存在银行以求妥善保管，而是利用这些钱搬到了位于纽瓦克市沃德街（Ward Street）的一座更大的实验室[43]。在说服莱弗茨为新型证券报价机投入巨资后，爱迪生雇了50个人帮他生产[44]。随着产量的增大，他增设了夜班。为了保证日班和夜班连续工作的一致性，他自己担任了两班的领班[45]。

在此后的5年多里，爱迪生和他的同伴们把纽瓦克实验室作为研发新专利设备的基地[46]。这些新设备中有几台是为了研发自动发报系统而发明的，该系统最早由一位名叫乔治·利特尔（George Little）的英国人发明[47]。自动发报系统不像手动按

上图：1915年爱迪生发明的钻孔机。
第36和第37页图：爱迪生的证券报价机。

键电报机那样需要一位报务员才能发送信息，工作人员只要提前把要发送的信息准备好，以标准莫尔斯电码的"点"和"划"为元素，在纸条上打孔编码，一旦准备就绪，纸条就能被电报机自动读取，"在打孔处有电触头，允许电流从电池流入导线，然后传输相应的信号"[48]。不过利特尔的原始设计并不总是能保持流畅运行，所以莱弗茨请爱迪生进行改进。

爱迪生把主要精力都投在了改进打孔机上，该装置专门被用于在纸条上打孔[49]。除了令人印象深刻的酬劳外，爱迪生还获得了国家电报公司（National Telegraph Company）的股票，当时价值3500美元[50]。与此同时，已经是国家电报公司总代理的丹尼尔·克雷格（Daniel Craig）协助他人成立了自动电报公司（Automatic Telegraph Company），以推动自动电报行业的发展。就在爱迪生在国家电报公司改进打孔机的同时，自动电报公司也请他设计该公司自己的自动化系统。这促成了克雷格与爱迪生的合作，一家名为美国电报工厂（American Telegraph Works）的公司诞生了，连同已经很繁忙的纽瓦克电报工厂一起都由爱迪生负责运营[51]。如果你嫌情况还不够复杂的话，那么还有呢。克雷格将乔治·哈林顿（George Harrington）招入，帮助爱迪生与另一个合作伙伴就自动电报系统的事进行谈判[52]。南北战争期间，哈林顿曾在林肯总统麾下担任财政部助理部长。

爱迪生的努力所带来的结果让人震惊。他"成功地实现了纽约和华盛顿之间每分钟1000个单词、纽约与费城之间每分钟3500个单词的传送和记录速率"[53]。这远远超过了手动按键电报机每分钟仅仅40～50个单词的传送速率[54]。面对这项成功，投资者们欣喜万分，并给了爱迪生额外的资金，让他在纽瓦克市再建立一个车间。这段时间，爱迪生研发了一套自动化电报接收系统，可以将接收到的莫尔斯电码的"点"和"划"转化成

爱迪生的自动电报机。

加粗罗马字体,而不再需要一位报务员将信息人工地转录为英语[55]。这套系统运转效率极高,纽约和费城之间每分钟能接收超过 3000 个单词[56],技能娴熟的报务员因而可能被取代。克雷格特别高兴地想:"当你说你在制造一种'不用动脑子'的机器时,我被完完全全吸引住了。这对于报务员来说可谓头等大事。"[57]

从双工到四工

爱迪生在当时还是个不到 30 岁的小伙子呢,但是他已经将自己塑造为改进电报技术的关键人物。他的双工电报系统和印字电报系统加快了信息传送的速率,而他的自动化电报又让信息轻轻松松地抵达企业负责人手中,后者甚至不用在电报操作方面达到什么技术水平。这还不算完,他在电报发明方面远远没到江郎才尽的地步。

在这段时期,爱迪生发现自己被卷入了一些行业阴谋中。他与西部联合公司的长期合作关系极富成效,后者是爱迪生各种实验室发明和生产服务的常规承包方。他一如既往地产出与电报相关的新专利——1872 年有 38 项,1873 年有 25 项。但是,发明的成本很高。1873 年的经济萧条让爱迪生的现金流出现了问题[58]。西部联合公司之前大力支持爱迪生对双工电报系统的研发工作,现在则希望他研发一套四工系统[59]。爱迪生很高兴地接受了任务,不过双方都忽略了为这份工作拟定一份确定的合同。

四工电报可以同时在一条线路上传送 4 条信息,一个方向容纳 2 条[60]。双工电报(在 2 个方向上传送 2 条信息)和复用电报(在同一方向上传送 2 条信息)相对而言比较容易开发,而将它们整合到一起的四工系统则被证明是一个巨大的技术挑战[61]。得益于西部联合公司财政和技术上的支持,爱迪

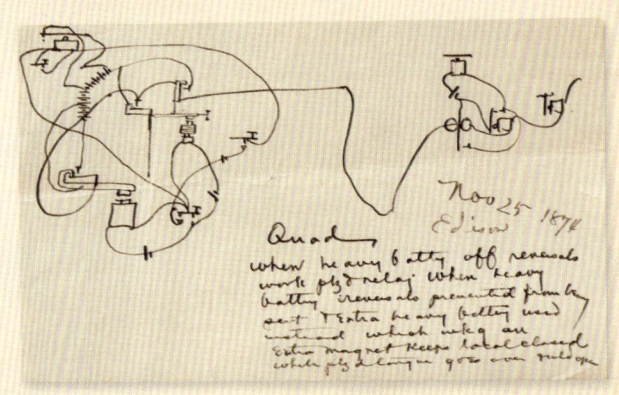

爱迪生的四工电报机电路图草图。

第二章 踏上发明之路

波普和爱迪生研发的证券报价机。

生才能够迎接挑战。直到 1874 年夏天，最初的四工系统才投入运营[62]。一切都很完美，至少对于当时而言。

然而就在此时，富有的投资家杰伊·古尔德（Jay Gould）正在偷偷获取欣欣向荣的电报业务的控制权。古尔德拥有大西洋和太平洋电报公司（Atlantic & Pacific Telegraph Company），作为西部联合公司强有力的竞争者，在当时，该公司正在寻找自身优势[63]。古尔德与西部联合公司负责人托马斯·埃克特（Thomas T. Eckert）围绕接管竞争对手的事宜秘密谈判。埃克特在南北战争时期曾经在林肯政府任要职，他或多或少地学会了一些政治伎俩[64]。当西部联合公司的主席威廉·奥顿（William Orton）去海外度长假时，埃克特和古尔德接触了爱迪生并说服他把四工电报的技术卖给大西洋和太平洋电报公司[65]。

这并不是一笔很难完成的交易。古尔德买下了自动电报公司，其中包括所有爱迪生之前的电报技术"以及他作为一名电报专家的服务"[66]。与此同时，奥顿离开了这座城市，爱迪生也已经花完了奥顿提供的所有初始资金。

对页图：弗雷德里克·奥珀（Frederick Opper）为《小精灵》创作的卡通画，讽刺杰伊·古尔德是"掌管地狱的恶魔"。

EDISON'S
ELECTRIC PEN and PRESS
5000
COPIES FROM A SINGLE WRITING.

THE ELECTRIC PEN AND DUPLICATING PRESS

Was invented three years ago. Many thousands are now in use in the United States, Canada, Great Britain, France, Germany, Russia, Australia, New Zealand, Cuba, Brazil, China, Japan, and other countries.

Stencils can be made with the Electric Pen nearly as fast as writing can be done with an ordinary Pen. From 1,000 to 15,000 impressions can be taken from each stencil, by means of the Duplicating Press, at the speed of five to fifteen per minute.

The apparatus is used by the United States, City and State Governments, Railroad, Steamboat and Express Companies, Insurance and other Corporations, Colleges and Schools, Churches, Sabbath Schools, Societies, Bankers, Real Estate Dealers, Lawyers, Architects, Engineers, Accountants, Printers, and Business Firms in every department of trade.

It is especially valuable for the cheap and rapid production of all matter requiring duplication, such as Circulars, Price Lists, Market Quotations, Business Cards, Autographic Circular Letters and Postal Cards, Pamphlets, Catalogues, Ruled and Blank Forms, Lawyers' Briefs, Contracts, Abstracts, Legal Documents, Freight Tariffs, Time Tables, Invoices, Labels, Letter, Bill and Envelope Heads, Maps, Tracings, Architectural and Mechanical Drawings, Plans and Specifications, Bills of Fare, Music, Insurance Policies, Cypher Books, Cable and Telegraphic Codes, Financial Exhibits, Property Lists, Manifests, Inventories, Schedules, Shipping Lists, College and School Documents, Rolls, Examination Questions, Examples, Illustrations, Scholars' Reports, Lecture Notes, Regulations, Blanks, Official Notices, Mailing Lists, Committee Reports, Sermons, Lectures, Pastoral Information, Manuscripts, Journals, Fac-Similies of Papers, Drawings, Hieroglyphics, Programmes, Designs, etc.

Circulars prepared with the Electric Pen pass through the mails as third class matter at one cent per ounce or fraction thereof. Additional information and samples of work furnished on application.

PRICES—No. 1 Outfit, with 7×11 Press, $40.00.
" 2 " " 9×11 " 50.00.
" 3 " " 9×14 " 60.00.

Sent C.O.D., or on Receipt of Price.

GEO. H. BLISS, GENERAL MANAGER, 220 to 232 KINZIE STREET, CHICAGO.

LOCAL AGENCY, 142 La Salle Street, Chicago. | PHILADELPHIA AGENCY, 628 Chestnut St., Philadelphia.
DOMINION AGENCY, 44 Church Street, Toronto, Ont. | GEN'L EASTERN AGENCY, 20 New Church St., New York.

第二章　踏上发明之路

由于四工电报技术并没有严格的商业合同，所以古尔德给了爱迪生 30000 美元买下这项技术。毫不意外，爱迪生答应了[67]。

同样也在意料之中的是，奥顿获知此消息时大为不满。西部联合公司起诉了爱迪生和古尔德，这随后演变为"一场剑拔弩张的法律冲突，涉及华盛顿政府最高级别公司的政治联盟"[68]。这场"大战"持续数月，严重损害了爱迪生和他的长期资助者的关系[69]。

涉足声学等领域

不过，损害是暂时的。在看到爱迪生在其专长领域持续性获益后，西部联合公司在 1875 年夏天联系爱迪生，商讨关于电报业的下一项重大突破——声学电报[70]。不像早期电报那样使用莫尔斯电码，也不像印字电报使用纸条，声学电报能够"以不同音调的方式通过声音信号传送信息"[71]。当年 11 月，爱迪生就获得了显著的进展。为了解决关于四工电报的尚未了结的诉讼，也为了能使声学电报方面的新研究获得更多资助，他和奥顿签了一份合同[72]。这项开创性的发明不仅为电话的最终诞生铺平了道路，而且也为爱迪生能够搬去门洛帕克（Menlo Park）市，以求在实验室空间与管理上有大飞跃奠定了基础[73]。

在几个位于纽瓦克的车间创办的早期，爱迪生和他的团队同时研发的发明不少于 45 项，并获得数十项专利[74]，这些专利中的大部分是与电报改进相关的。爱迪生确立了自己的威信，即能够独立研发电报改进技术并向大型电报公司提供服务和生产业务。

爱迪生在纽瓦克时期的其他发明也层出不穷，包括感应线圈，它是一种由电池驱动传导振荡电流的线圈[75]，由爱迪生与同事约瑟夫·穆雷（Joseph Murray）一起研发。这种感应线圈被冠以"能够治愈风湿病"的噱头进行兜售，它减少了传统医疗手段的介入，"被称为一种取之不尽的快乐源泉"[76]。它被

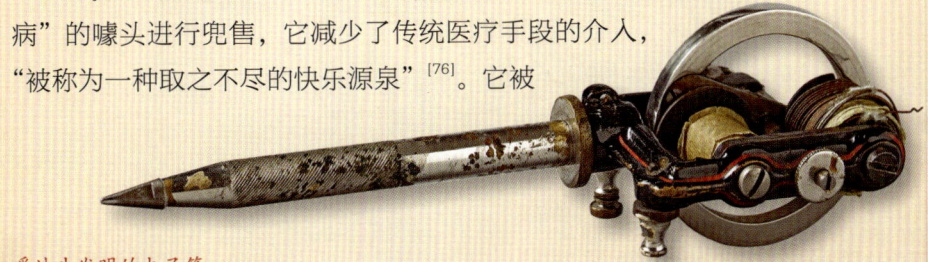

爱迪生发明的电子笔。

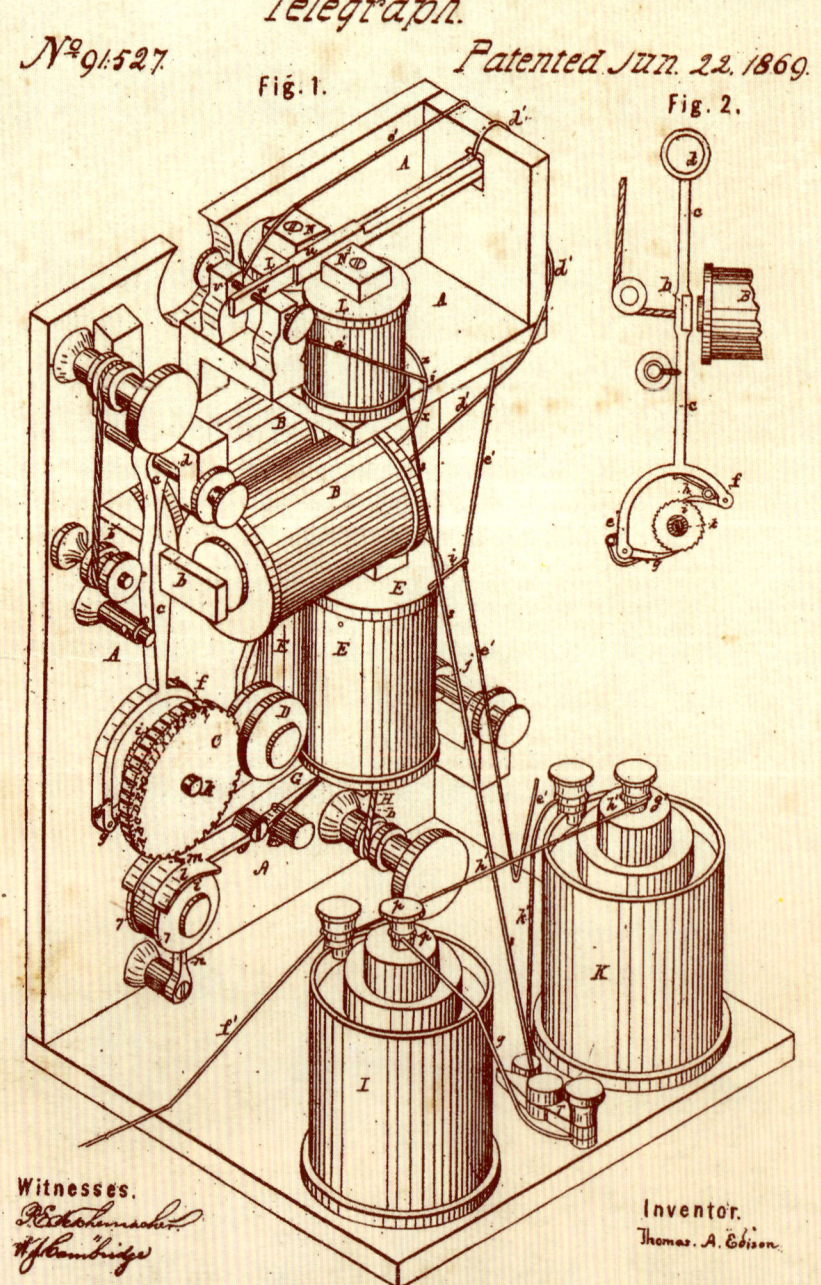

第二章 踏上发明之路

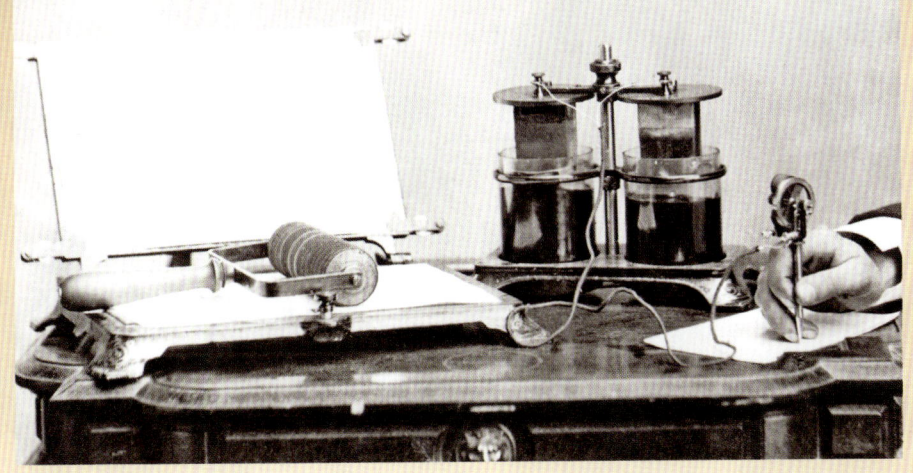

工作中的电子笔。

直接推销给公众,并且"卖得相当好",以至于爱迪生产生了一种想法——"向大众营销看起来也不是特别难"[77]。

另一项发明是电子笔,最终它被卖给迪克(A.B. Dick),并且它奠定了油印机的基础(后来又被现代化的复印机取代)[78]。本质上,它是由一支触笔"在一种事先准备好的坚硬的纸上移动,而这张纸又被放置在一块开好槽的钢板上。""这样,在薄纸上的一系列小孔将书写的路径记录了下来。这种方式类似于一种漏字板,故而可以制作成百上千份复本。[79]"这种笔的一种高级形式是电子化的笔,"其实是往复电动机",从内部看:

> 电子笔的笔筒里有一个小活塞,连接着笔尖。笔尖是个金属触点,笔尖周围缠绕着电磁线圈,能产生吸引力和排斥力,推动笔尖以相当快的速度来回运动;当书写者的手带动电子笔滑动时,电子笔在纸上留下一系列非常细小的孔洞以进行记录。

一小节电池就足以提供电子笔所需的电流[80]。如果你觉得这个小玩意儿似乎有些眼熟那就对了,因为爱迪生无意间发明了现代文身笔的原型。

第三章
发明的艺术

今天,当人们再度谈论托马斯·爱迪生时,通常对其冠以"门洛帕克的奇才"(The Wizard of Menlo Park)的名号[1],这是因为门洛帕克是爱迪生为自己正名的地方,尽管在他大约70年的发明生涯中,在那里工作的时间也不过10年而已。我们可以说,门洛帕克是一个缩影,见证了爱迪生影响最为深远的一项贡献——初步创立发明系统[2]。

很早以前爱迪生就已开始着手为独立发明家创建一套新的发明策略,最早恐怕能追溯到休伦港时期,也就是在他父母家的地下室建实验室的那会儿[3]。凡是能搞到的化学品,他都会收集起来;他能借则借,并尽可能从当地药剂师手里多要一些,实在不行就花自己的血汗钱去买[4]。在结束了大干线铁路公司一天的工作之后,他总是独自一人继续在夜里做实验[5]。不久之后,少年爱迪生就在火车上组建了自己的实验室。在当时来说,这些早期经历已经具有标准化创造发明的典型特征——一个孤独的天才,宅在一个简陋的实验室里,期待着一个大事件来宣告自己破茧而出。

走上"研发"之路

搬到波士顿后,爱迪生的这种创新实验有了变化。西部联合公司为他提供了巨量的弹性时间,他可以做更多自己的事情,并且城里到处都有五金商店,他有机会接触到先进的设备和技术一流的工匠。不久,爱迪生整合了一些资源,开设了自己的制造车间和实验室,还有两位年轻人帮他一同提升和改进电报技术与其他发明[6]。爱迪生逐渐意识到,如果想要继续挖掘自己的发明潜能,他需要进行融资。

对页图:爱迪生(中)和实验室工作人员坐在门洛帕克实验室的门廊上,摄于1880年。

到波士顿后不久,爱迪生就向德威特·罗伯茨(Dewitt C. Roberts)争取所需的资助,后者是一个对证券报价机很感兴趣的报务员[7]。罗伯茨提供了"充足的资金,用于获得爱迪生所设计的'证券经纪人'报价机的专利权和生产权"[8]。富商埃比尼泽·韦尔奇(Ebenezer B. Welch)为火灾报警电话和双向传送电报系统的研发提供资金。1869年1月,爱迪生又和另两位富商乔尔·希尔斯(Joel Hills)与威廉·普拉默(William E. Plummer)签订协议,后两者为证券报价机的研发提供了资金支持[9]。10天过后,他又再度与西部联合公司签约,建起了自己的咨询实验室。爱迪生步入晚年后,曾建议年轻发明家效仿他,寻求社会团体的财力支持[10]。

爱迪生在一段相对较短的时间里就拥有了很高的声望,人们都知道他善于解决问题。他本人就像是一个正在不断发展的企业集团中,有着许多外部合约的研发部门。第一批顾客中就有西部联合公司,就算他刚刚离开这家公司。他逐渐建立起一套基本的行事原则,即通过合同的方式忠实地为客户提供服务[11]。

只要觉得有需要,他就会去寻找合作伙伴。大多数情况下,这些合作伙伴要么能提供融资合同,要么能提供专业评估意见。他与富兰克林·波普的合作就是因为后者在电报工程方面的专长[12],与约瑟夫·穆雷共事的主要原因就是看中后者在电气方面的技能[13]。当爱迪生的工作量持续增加、业务不断向新的领域拓展时,他这种选择互补型合作者的策略,就会演变为双方更持久的关系。后来,爱迪生离开了波士顿,来到泛纽约地区(The great New York City area),但他一直持续创造着更体现组织性的发明过程。

同黄金与证券电报公司签订的证券报价机的合同促使爱迪生在新泽西州的纽瓦克市建立了一座空间大得多的实验室,用于生产证券报价机,研究改进方法[14]。此时,爱迪生已经成长为一个精明的商人,不仅坚决要求对方提供启动资金,而且还会要求追加后续津贴,这样他可以雇更多的工人。很快,他在纽瓦克市的多处建筑内就有了50多位工人为他干活。这时,爱迪生已经不仅仅是一位发明家了,他正操控着一座发明工厂[15]。

门洛帕克

不久,爱迪生的公司在纽瓦克市快速发展壮大起来。不过随后,他与房东发生了合同纠纷,于是他决定搬去别处,最后定居在门洛帕克。从1876

第三章 发明的艺术

门洛帕克实验室，摄于 1880 年。

年到 1886 年，他在那里的实验室中度过了整整 10 年。他的名望越来越大，并且获得了一个响亮的名号："门洛帕克的奇才"[16]。当时，门洛帕克只不过是一个"拥有 7 座房屋"的小村子[17]，人们知道这个地方可能也仅仅因为"宾夕法尼亚州铁路上的一个小站"[18]就位于这里。

由于这条铁路连接着费城和纽约[19]，门洛帕克成为许多金融家和客户进进出出的门户。同时，这个地方也足够偏远，可以防止工人们分心。"在实验室紧张艰苦的环境下，几乎没有什么像样的社会活动"，只有村庄外火车站边上的一个小酒馆可供消遣[20]。爱迪生一直觉得，位于门洛帕克的实验室是他第一个真正意义上的实验室[21]。它也成为后来实验室的标准。

实验室的基本构造是很简单的。两层木质建筑，每层都有 30.5 米长、9 米宽，非常宽敞[22]。楼顶上拉着 9 条避雷针，12 条电话线像蜘蛛网一样布置在侧面[23]。底层设有办公室，中央安置着一张大桌子，上头摆满了测试各类新发明的设备[24]。楼层的最后面最早是设备间，"装备齐全，并配有一台 7.35 千瓦的发动机"[25]。电线密布于整幢大楼，以便在不同的地方都可以进行设备的测试。一楼还有化学实验室和其他特殊实验室。不过，据一位原雇员说，"二楼的实验室才真正用于开展那些最重要的实验"[26]。二楼有一个

第 50 和第 51 页图：爱迪生和他的员工们在实验室二楼。

独立的大房间,摆着几张长条桌,"你能在桌子上找到各式各样的设备,不管是科学仪器还是化学仪器,只要是那个时代所能生产出来的杰作,那儿都有"[27]。

书被杂乱地堆放得到处都是,还能看到散落着的重铬酸钾模型的零部件,以及其他吸引爱迪生和他助手的新鲜玩意儿。屋子一侧的墙边处立着一排架子,摆满了瓶瓶罐罐的各类容器,盛放着你能想到的所有化学试剂,以及其他他能够获得的材料。[28]

在任何时候,爱迪生的手头都会有超过2500瓶各种化学试剂[29]。他有一个玻璃橱,里面存放着全世界都罕有的薄片状或丝网状的金属材料,还有一些昂贵稀有的化学试剂[30]。令人感到奇怪的是,二楼还有一台大型管风琴,它在实验室里扮演着非常重要的角色。

第二座大型建筑是砖墙结构的,专门为设备间而建造,因为设备间会产生不间断的噪声和震动,这会对实验造成不利影响。为了开展相关实验,爱迪生还配备了一个锅炉。砖房内可以摆放"轻型和重型机床、镗钻机床、各种刨床",总而言之,摆放爱迪生及其助手制造各种装置所需要的每一件工具[31]。还有其他几间小房子用作木工房、储存汽油的库房等。另有一个地方是用来制作"油烟蛋糕"的,这在一些碳质发报机里会用到[32]。

聘用精英

门洛帕克实验室的设备可以称得上是19世纪末实验室的顶级配置了。实际上,这第一座产业化研究型实验室不仅为爱迪生提供了必要的场所,可以为满足客户需求进行生产和研发,而且为他试验全新的发明提供了极大的自由度[33]。

门洛帕克也是广纳英才的好地方。与普通工厂聘用大量非技术工人从事简单任务不同,门洛帕克实验室聘用的是技术熟练的机械工,他们可以被称为技工,而不是普通雇员[34]。他们通常还带来自己得心应手的工具,工作中有着极强的灵活性,能够解决任何突发问题。爱迪生真正的才能在于能够把

第53~第55页图:爱迪生实验室如今的面貌。

爱迪生：现代世界的发明者

爱迪生的助手查尔斯·巴彻勒。

这些精英聚拢起来，尽管他喜欢把工人们形容为"笨手笨脚"的[35]。他不会直截了当地告诉团队成员如何去实现他们的目标，而是期望他们独立思考[36]，这激发了工人们的成就感与忠诚度。

> 通常我只告诉他们我的大致想法。我可能会遇到一个聪明伶俐的助手，有时候我并不会答应在实验中为他提供帮助，而是告诉他看看自己是否能解决，以此来激励他。[37]

然而，爱迪生也不是任由他的工人们做自己想做的事。伦纳德·迪格拉夫（Leonard DeGraaf）这样写道："爱迪生成功的关键就在于他有调动实验人员积极性的能力，他们共同追求一致的理想。[38]"他能指引他的实验团队跟随他的想法，并且实现他的目标。爱迪生做不到关注每一件产品从研发到商业化的全过程，但是他知道去哪里找到其他带头人协助他掌管关键的项目，这也是一项技能，可以弥补自己有限的专注力。

在第一批助手里，有一位成了爱迪生团队中的关键人物，他叫查尔斯·巴彻勒（Charles Batchelor）。"批量生产"（巴彻勒的昵称，Batch是其姓氏的前几个字母，而它又恰好是生产中的"批量"的意思——译者注）是一个英国人，最开始来到美国时他的工作是为克拉克纺织公司（Clark Thread Works）安装纺线机。另一位同事后来回忆说："他是爱迪生先生最聪明、最有耐心、最能干、最忠诚的助手。[39]"但是巴彻勒可不仅仅是一位助手那么简单，他后来成为爱迪生真正的左膀右臂。在实验室通宵达旦地工作时，总是能见到他占据着那个令人垂涎的、紧挨着爱迪生的位子[40]。他们曾经非常密切地一起合作研究灯泡的改良技术。巴彻勒勤勤恳恳地尝试了数百种可用于制作灯丝的材料，直至最终找到了既能提供足够亮度，又能持续长时间工作的灯丝材料[41]。后来，依照爱迪生的吩咐，巴彻勒搬去巴黎，为位于塞纳河畔伊夫里的大陆爱迪生公司（Continental Edison Company）开展灯泡业务[42]。巴彻勒追随爱迪生长达25年之久，

第三章　发明的艺术

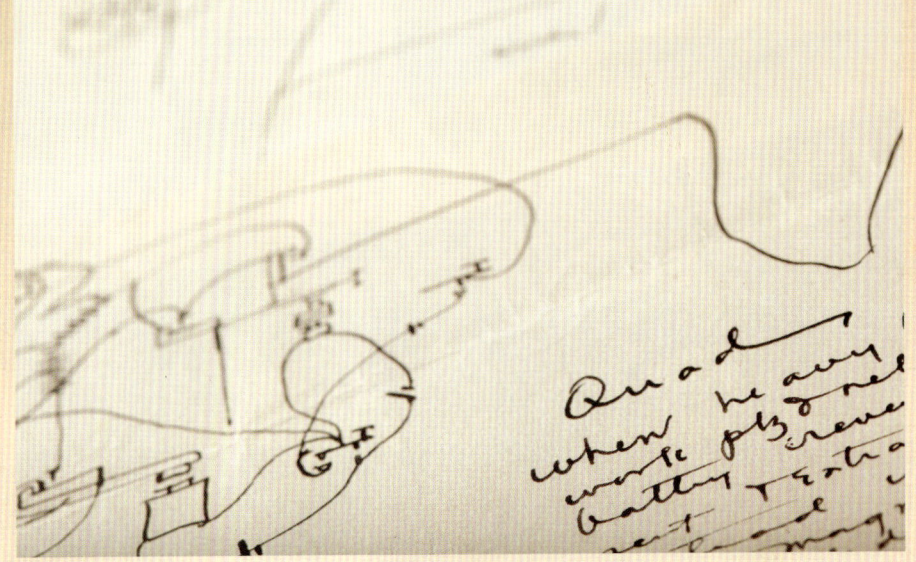

上图：爱迪生潦草的笔记。
第58和第59页图：一份通用电气公司的手册，展现了爱迪生和他的团队正努力研制灯泡的画面。

从纽瓦克开始，一直到门洛帕克、西奥兰治（West Orange），甚至是奥格登（Ogden）的采矿企业[43]。这么说吧，如果没有巴彻勒，爱迪生可能不会有那么多家喻户晓的发明。

差不多就在同时，爱迪生财富的另一位重要贡献者约翰·克鲁奇（John Kruesi）加入了团队。他出身于瑞士的钟表匠家庭，从小学徒，后来搬去了巴黎，在胜家缝纫机公司（Singer Sewing Machine Company）工作。克鲁奇为爱迪生工作了20年[44]。最后，他成为门洛帕克实验室的监理人。有了像巴彻勒、克鲁奇这样出类拔萃还不知疲倦的技工，爱迪生还能以他们为榜样鼓励其他员工努力工作[45]。克鲁奇擅长识读爱迪生潦草的笔迹和粗糙的绘图，还能将它们转换成各种木质的、铜质的和锡质的模型[46]。"爱迪生、巴彻勒、克鲁奇，这简直就是一个完美的组合"[47]。

约翰·克鲁奇。

爱迪生：现代世界的发明者

弗朗西斯·阿普顿。

还有另一位重要人物，弗朗西斯·阿普顿（Francis R. Upton），他以数学家的身份被爱迪生招募进来，因为这是爱迪生的弱项。他也成为核心团队中的一员，在他的帮助下，那些发明源源不断地走出门洛帕克实验室。阿普顿是这样描述团队的活力的：

> 爱迪生先生总是思如泉涌，这些点子在他脑海中有着明确的定义，甚至有清晰的、立体的想象画面，然后他绘制草图使其成为看得见的东西。克鲁奇先生很乐意接受他的想法，并能心领神会，以令人惊奇的速度准确地分配工作。巴彻勒先生总能时刻做好任何合适的实验或观测的准备，只要是爱迪生先生所希望的，他总是紧紧抓住不放；由于他技术高超，所以往往显得有些蛮横。[48]

投奔爱迪生麾下的其他技术工人或商人还有埃兹拉·季利兰（Ezra Gilliland）、塞缪尔·英萨尔（Samuel Insull）、弗朗西斯·杰尔（Francis Jehl）、威廉·哈默（Willam J. Hammer）、马丁·福斯（Martin Force）、路德维希·波姆（Ludwig K. Boehm）和约翰·劳森（John W. Lawson）[49]，在爱迪生进行创造和发明的过程中他们都扮演了非常重要的角色，也造就了爱迪生的一世英名。许多人一开始就在纽瓦克了，后来又跟随爱迪生搬去门洛帕克，继续研发爱迪生那些具有代表性的发明（当然有时候他们也不必依靠爱迪生）。爱迪生习惯于"一个项目紧接着一个项目"[50]，而这些人总是能够实现这些目标。有时候，他们会选择"暂时丢掉主线任务，凭着兴趣做些衍生出来的支线任务，然后支线任务又会衍生出来新的支线任务"[51]。

不管有什么样的挑战横亘在面前，爱迪生的方法总会有效。虽然这些人里的大多数都不为公众所知，不过在他们的帮衬下，爱迪生越来越出名，也越来越富有[52]。总之，爱迪生和他的团队造就了门洛帕克，使它成为

> 碳质发报机、留声机、白炽灯的诞生地，也是爱迪生开发配电系统、商用发电机、电气化铁路、扩音器、微压计，以及其他或大或小不计其数的发明的地方。[53]

第三章　发明的艺术

夜以继日

爱迪生迫切地需要巴彻勒、克鲁奇等人组建起有效的组织。塞缪尔·英萨尔将早期门洛帕克的生活形容为"水深火热"，特指爱迪生工作狂般的作风"破坏了所有办公室的工作体系"[54]。一位新员工曾询问工作程序是什么，据说爱迪生是这么回答的："见鬼去吧，这里没有规则——我们要努力去实现新的东西。[55]"他完全没有"日"和"夜"的概念，对他来说半夜里干活和中午干活没什么两样。如果他觉得累得不行了，则倒头便睡。似乎像这样打盹儿的事情"出现在白天的机会还比晚上多"，因为爱迪生保持着晚上工作的嗜好[56]。一位长期在爱迪生身边工作的员工这样记载：

> 爱迪生经常会工作到凌晨三四点；他会躺在实验室的桌子上，拿一堆书当枕头，然后就陷入酣睡之中了。[57]

这种被延长的工作时间和持续的工作压力传染给了每一个在门洛帕克实验室工作的员工，"通常的情况是一周工作6天，一天工作10小时"[58]。有人无法承受这种压力而选择离开，留下的则收获满满，并且在自己的领域中品尝到成功的滋味。认识爱迪生已经有30多年的弗朗西斯·阿普顿说他"常常觉得爱迪生无法理解其他人忍受压力的极限，因为他自己的体力和脑力似乎是没有极限的"[59]。

托马斯·爱迪生实验室里的书桌和简易床。

爱迪生偶尔仿佛也能抓住工人们最基本的生理需求：

> 在有些漫长而又疲倦的夜晚，爱迪生会短暂地停下手中的活儿，休息一会儿，找些茶点吃——需要通宵工作时他会事先订一些吃的。这时候实验室里的所有工作都会被搁在一边，在场的人都会加入，

往往现场最后一个有趣的故事或笑话会被很快传开。[60]

这些吃的可不是只有冷三明治,而是"囊括了新鲜蔬菜、禽肉、甜点和咖啡的,热气腾腾的丰盛晚宴"[61]。午夜休息时刻员工们还常常获赠一支上等雪茄,实验室大楼内几乎有两层楼高的笨重的管风琴也会被疲劳却仍然热情不减的员工们唤醒,为他们带来充满活力的乐曲,释放出他们内心无法抑制住的幽默感[62]。

多年以后,弗朗西斯·杰尔很好地总结了爱迪生与"发明工厂"同事之间的关系:

> 在门洛帕克实验室里,聚集在他周围的人十分享受他以及他所带来的那份自信,而他的自信也从没有被辜负过。他得到了通常只有伟人才会获得的崇敬。他从不通过语言和演技来表现出他是这里的雇主,否则会让这帮人感到不安,这是工作的一种常态。他与我们交谈、争论,就好像是与我们平起平坐的同事一样。他让我们自愿地站在他这边,做好一切准备无限忠诚地追求他的一切需求和渴望,这就是他赢得胜利的途径。[63]

爱迪生和他的"失眠小组"——平均每天只睡三个半小时。从左到右:(坐着)约翰·拉蒙特、约翰·威廉姆·富尔顿、S.摩尔和托马斯·爱迪生;(站着)爱德华·麦克格林、罗伯特·斯派尔和阿尔·霍夫曼。

前往西奥兰治

时间到了1887年,爱迪生的业务已经发展到门洛帕克以外,他和他的员工搬去新泽西州的西奥兰治,那里有更大的厂房。他与新妻子(爱迪生的第一任妻子玛丽于1884年去世——译者注)买下了一个叫格伦蒙特(Glenmont)的地方,那是一处位于卢埃林公园(Llewellyn Park)的占地52609平方米的巨大地产[64]。

第三章 发明的艺术

发明数量极速增加的情况一直持续着,并且规模不断扩大。"我们的版图上大概有 54 种不同的东西,有些东西我们已经开发了四五年。"巴彻勒在给哥哥的信中写道[65]。爱迪生预测,在西奥兰治"一个人可做的事情是门洛帕克的 10 倍"[66]。爱迪生、巴彻勒、阿普顿,还有其他许多团队成员全身心地投入到自己的工作中,以满足投资者的需要。以团队为导向的策略,以及用于研究的企业融资帮助爱迪生建立起一个特有的"品牌",时至今日仍得到人们的认可[67]。

顶图:19 世纪 90 年代的西奥兰治实验室。
上图:20 世纪 20 年代西奥兰治实验室鸟瞰图。

如果门洛帕克的工厂算得上"大"的话,那么西奥兰治的工厂就称得上"巨大"了。厂房最开始被设计成 3 层砖墙建筑,工作空间达到约 3484 平方米,不过爱迪生认为很快就会不够用的。后来他又增加了 4 幢一层的建筑,"每幢的大小为 30.48 米 ×7.62 米"[68]。现在,爱迪生已经非常知名,各行各业对其发明的产品都有着巨大的需求,因此他设立了西奥兰治实验室,好让自己发明更多的东西,生产更多的产品。他还装备了"让实验变得既快速又省钱的各种现代化设备",建立起一个"伟大的工业企业",可以满足各种需要[69]。

主体建筑是 5 号大楼,"安置有一个大型图书馆、一间储藏室、两个机械车间、一个摄影棚及暗房、一个报告厅以及实验室若干"[70]。图书馆的馆藏是非常壮观的,几千册图书摆放在楼层上的两个开放式阶梯上[71]。图书

馆还有一个大壁炉和一台木质钟,那是爱迪生的工人送给他的[72]。4幢小一点的建筑都具有特殊的功能。1号建筑重点进行电气方面的研究和测试;2号建筑是化学实验室;3号建筑用于存放化学品,还有一个木工车间,工人在那里制作木质模具用于铸造金属部件;4号建筑"包含一个锻造车间和一个冶金实验室"[73]。后来还临时建造了一幢建筑进行动态照片的拍摄[74]。

爱迪生在图书馆里使用的是可以表明他"天才"身份的标志性物件;一个有着24个隔档的拉盖书桌,里面塞满了与他的许许多多发明有关的论文和笔记[75]。爱迪生将隔档进行了粗略的分类,如化学、电子、留声机,还有一些隔档贴着十分特殊的标签,如"金点子",另有一个隔档被标注着"新玩意儿"[76]。他的图书馆距离实验室只有几步路。

燎原之势

在长达几十年的时间里,西奥兰治都被爱迪生作为工作的核心地点,他在那儿向世人展示了发明创造的新模式,但是这远远不是他最后一个实验室。差不多在同一时期,爱迪生搬去了格伦蒙特;他还在佛罗里达州的迈尔斯堡(Fort Myers)购买了一栋用于"休闲"的房子[77]。当然,他在这栋房子里也建了实验室,这样他就可以在享受了静谧的海风后再去工作一晚上。根据项目的需要,他还在纽约市(New York City)、纽约州的斯克内

上图:爱迪生在格伦蒙特的房子。
第64和第65页图:西奥兰治实验室的重机车间。

第三章　发明的艺术

上图：爱迪生同助手舒梅里卡、奥特在迈尔斯堡的实验室中工作，摄于1912年。
第68和第69页图：工间休息时的西奥兰治实验室重机车间。

克塔迪（Schenectady, New York）、新泽西州的奥格登建立了实验室。

在所有的实验室里，爱迪生、巴彻勒、阿普顿和其他人都通过一系列实验手册小心谨慎地保存好实验记录[78]。爱迪生年轻的时候就养成了携带口袋本的习惯，用于把从脑海中蹦出来的一些新的发明、新的改进思路及时记录下来[79]。爱迪生认识到留下一些精细的绘图和描述有助于提防那些专利小偷，这在发明的早期是个常见的、令人挠头的问题[80]。1870年爱迪生在其中一本笔记本的封底内页中写道："从今往后，我会对所有的新发明保留一份完整的记录。"[81]

爱迪生总共有3500本笔记本，它们充分展示了"从脑海中产生粗糙的萌芽到形成完整思路的爱迪生最原原本本的想法"[82]。从注释中能看出他对使用法律手段保护发明的迫切期望。比如我们经常可以看到这样的潦草记录："我宣布……我相信我是第一个使用这种方法的人。别的思路也正好

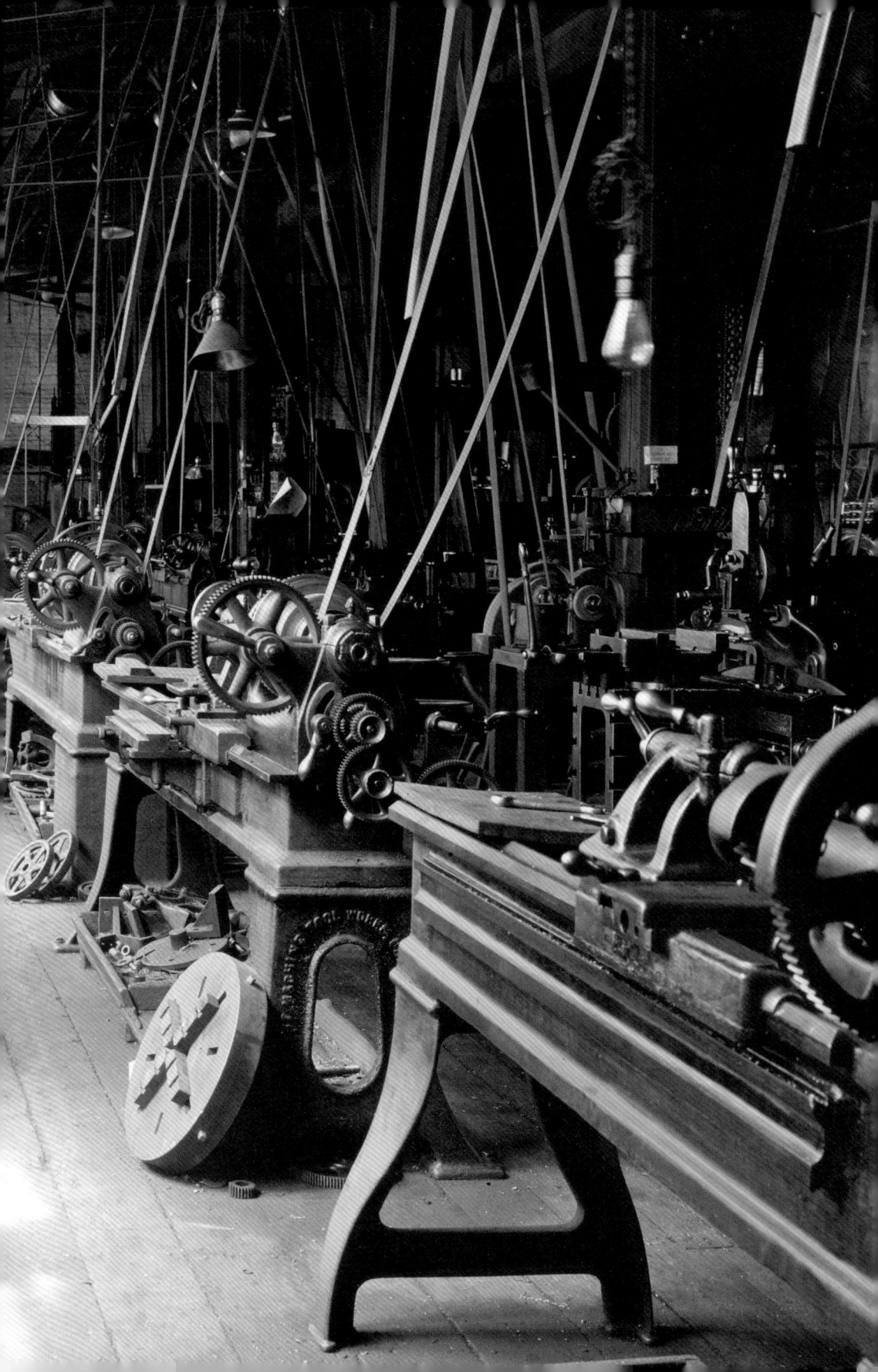

Cable Address "Edison, New York"

From the Laboratory of Thomas A. Edison, *Orange, N.J.*

T. A. EDISON.
Stencil-Pen.

No. 196,747.   Patented Nov. 6, 1877.

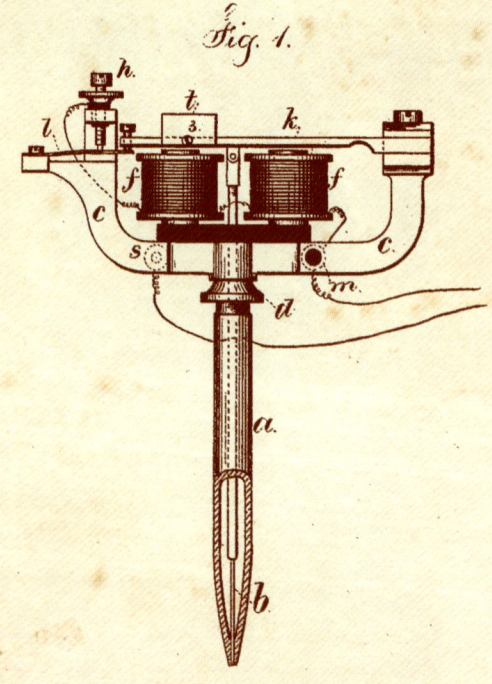

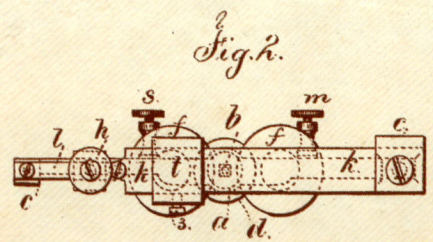

Witnesses
Chas H. Smith
Geo. T. Pinckney

Inventor
Thomas A. Edison
per Lemuel W. Serrell
Att'y

第三章 发明的艺术

涌现出来……这是个法律事务，试一下，要试一下。"类似的还有很多。爱迪生和巴彻勒（或者是其他合作者）会共同写下一些注释和画一些草图。有时候，后来的新记录会把原先的给颠覆掉，主要是因为项目越来越趋于完善，也有可能因为爱迪生忘记他已经"解决了"那些问题。巴彻勒的工作就是确保将正确的最终版思路转移到生产线上[83]。

就像许多同事所说的那样，爱迪生经常被视作"其中的一分子"，他会为了寻找完成某一项任务的最佳方式与技术工人争辩，也会在夜班休息的时候高歌一曲。像巴彻勒、阿普顿、英萨尔这些关键人物也接管了一部分开发和生产的项目，然而爱迪生从来没有将项目托管给同伴。事实上他并不明确表态授权的做法，也经常妨碍了产品的开发进程，哪怕是那些让他真正扬名立万的产品[84]，留声机就是一个明证。

一台爱迪生发明的标准 D 型留声机，拥有不同寻常的特大号天鹅牌扬声器，摄于 1905 年。

第四章
名扬天下的留声机

留声机的发明可以说源于一次事故,这次偶然事件使得这个研发项目摇摇晃晃走到了最后。电报机一直是爱迪生工作的焦点,他的许多发明都是对电报技术的改进以及相关衍生品,其中一项改进叫声学电报机。但是1875年,亚历山大·格拉汉姆·贝尔(Alexander Graham Bell)发现声学电报机的应用如果被加以拓展,可以用于传递人的声音,一场研发留声机的竞赛大幕就此拉开。

更好的电话

一开始,贝尔处于领先位置。将"耳朵紧贴在一个振动簧片上,贝尔可以听见(助手)托马斯·沃森(Thomas Watson)微弱而模糊的声音"[1]。一年以后,原型机被生产出来并申请了专利,于是我们就能听到这种更奇妙的对话了:"沃森先生,过来一下,我要见你。"[2] 由于爱迪生已经在声学电报机方面大踏步向前了,所以他也加入到发明更好用的电话的竞赛中。

爱迪生与电气工程师、曾与贝尔共事过的伊莱沙·格雷(Elisha Gray)开展合作[3];从西部联合公司的老朋友威廉·奥顿那里获得资金支持,并生产一台能与贝尔一较高下的电话机,成为他优先考虑的问题[4]。

"就在贝尔踏进美国专利局递交申请的当天",格雷也对他和爱迪生的工作提出一项声

伊莱沙·格雷。

对页图:托马斯·爱迪生正在西奥兰治实验室检查一台唱片式留声机的唱片,摄于1921年。

第四章　名扬天下的留声机

亚历山大·格拉汉姆·贝尔。

明[5]——"可用于语音传输和语音重现的电路图的具体思路：'一个特制的设备对所有人类语音实现振动响应，通过这种方式就能呈现人们各自的声音。'"[6]

这是一个发生在同一天的"惊人巧合"，关于谁是电话发明者的问题引发了一场相当长时间的官司[7]。如果要再加点"阴谋论"观点的话，就在这将被载入史册的一天之前一个多月，爱迪生已经发表了一项关于"永磁电话可能的应用前景"的声明[8]。

爱迪生在电话机上的关注重点是改良发送装置[9]。贝尔使用"一个金属鼓膜和缠绕在磁铁上的线圈实现语音的传送"[10]，人对着发送装置说话就会引起末端接收装置的振动，声音就被成功地传送过去[11]。但是在贝尔发明的系统中信号非常微弱。爱迪生则使用碳质发送装置增强信号，这让情况得以改善[12]。他设计的线路更为复杂，还发明了感应线圈，让信号能够传输到更远的距离[13]。爱迪生的系统摇身一变，瞬间超越了贝尔的系统。紧接着，爱迪生就将自己的电话机的相关专利以 10 万美元的价格卖给了西部联合公司，这在那个年代可是一大笔钱啊[14]！为了避免一下子把钱用完，爱迪生还与公司约定每年支付 6000 美元，总计支付 17 年作为对专利的维护费[15]。

在使用了爱迪生的碳质发送装置和其他设备，从而得到更好的音质后，西部联合公司决定起诉美国贝尔电话公司侵权。然而具有讽刺意味的是，西部联合公司输了这场官司，爱迪生的电话

对页图：一位女士正在使用装有布莱克发送装置的爱迪生碳质电话机，摄于 1882 年。
第 76 和第 77 页图：爱迪生坐在书桌前，左侧是口述录音机，摄于 1914 年。

专利被要求转到贝尔公司名下充当专利使用费[16]。真是来得快去得也快！于是，爱迪生被迫退出电话业务（至少在美国）[17]，而贝尔公司成了垄断企业。

一次意外发现

与此同时，随着电话的发明还产生了一些副产品，包括听筒[18]、麦克风[19]等，最偶然的结果为留声机的发明。"尤里卡时刻"（英语 Eureka，源自古希腊语 Εύρηκα，意思是："好啊！有办法啦！"相传古希腊学者阿基米德有一次在浴盆里洗澡时突然产生了灵感，发现了计算浮力的办法，他惊喜地叫了一声"尤里卡"。后来西方人就把人们在面临巨大压力情况下突发灵感想出解决问题的方法的情况称为"尤里卡时刻"——译者注）往往出现在已有的发明工作中，留声机就是如此，不过留声机真正登上历史舞台是在1877年7月18日[20]。

那天，爱迪生和往常一样，与巴彻勒等人在晚上加班加点。在一次午夜晚餐过程中，爱迪生把玩着一个鼓膜，他突然发现如果他用手指从背面按压鼓膜，并且对着正面讲话，他能感觉到振动。"巴彻勒，"他自言自语道，"如果我们注意到这个现象，那可以把振动录到某些材料上，再放到这个按压点后面，这样就能把声音重新找回来。"[21]

虽然爱迪生后来解释"发明留声机的原因十分单纯"[22]，但是恐怕那只是他希望改写历史的美好的一厢情愿吧。这天夜里，许多想法在爱迪生的脑海中浮现，他和他的员工迅速把工作推进到测试环节。约翰·克鲁奇在鼓膜的中间焊接上一根针，然后"把鼓膜安装在一个支架上，连接上一个自动电报机中所使用的飞轮"[23]。爱迪生推测既然"声波可以用高低起伏的波浪线记录在一个长条纸带上"，那么反过来这种图形也可以"重现为声音"[24]。

爱迪生在转盘上安装了几条蜡纸，当他对着话筒讲话时，纸条会被拖动。被记录下并被成功回放的第一句话是"玛丽有只小羊羔……"（著名英文儿歌 Mary has a little lamb——译者注）[25]。巴彻勒记录下了当时看到蜡纸上的第一条录音的情况："当纸条被拖动一秒以后，我们，我们俩都发现，讲话被记录下来了。"[26]

不可否认，当他们重新听到记录纸带上的内容时，发现"讲话"一词实在是一种乐观的描述，事实上那声音更像是"啊哎噢嗯"[27]。虽然不是非常理想，但留声机确确实实把声音录下来了。当天晚上他们进行了多次尝试，最后取得了很大的进步——终于能听清楚真正的单词了[28]。最原始的留声机诞生了。

不过，看起来爱迪生和巴彻勒并没有立即意识到这件事情的重要性。作为惯例，爱迪生仍然十分勤勉地将那一夜发生的事情记录在实验室的笔记本上。

只是想做个实验：在蜡纸上印上类似压花的凹凸小点，用鼓膜接触蜡纸，让蜡纸快速移动，鼓膜随之做着迷人的锯齿状的振动。毫无疑问，我可以完美地存储人类的声音，并在未来的任何时候再将其自动播放出来。[29]

爱迪生在笔记本纸页的上方写下了"语音电报机"的字样，上面还有其他无关实验的标记。查尔斯·巴彻勒和詹姆斯·亚当斯标注了日期并会签[30]。随后，3个人都回到他们认为最重要的电话机的研发工作中。

成为标准——锡箔滚筒式留声机

在取得首次发现后没几天，爱迪生尝试换上一条带有凹凸纹路的磁带，将一根唱针连接到电话机接收器的鼓膜上，创造"声音的印迹"[31]。尽管爱迪生仍不断追求其他的改良方案，但这个基础模式至少在之后的几个月里固化成为标准[32]。这台新装置有一个重要区域，就是唱针与声音介质的接触点。最早使用的蜡纸存在明显不足，即对轨迹的追踪和回放不能保证可靠的连贯性[33]。凹凸纹路磁带显然更好些，但依然不能令人满意。爱迪生甚至尝试在不同厚度的纸张的边缘录音。他不断调整唱针的尺寸和形状，尝试用不同的方法将其定位在纸上，其中"包括绕卷上好几匝纸带，排列成螺旋状的带有沟槽的纸盘"[34]。

爱迪生觉得，将处理过的纸放在唱针下，在其上采用直线刮擦的方式采集声音并不是一种非常有效的方法，由此制造出来的声音在回放时可靠度不是非常高[35]。不久，爱迪生就开始思考采用一种"滚筒"方式，并且很快他就决定在金属滚筒

首台锡箔滚筒式留声机。

上再包裹一层锡箔[36]。根据爱迪生在实验室笔记本上的记录，1877 年 11 月 29 日，他对第一台留声机大概应当长成什么样儿已经有了一张草图[37]。"一个直径大约 9 厘米的铜质固体滚筒骑在进给螺杆上，上面刻着螺线形沟槽，使用一个弯曲手柄进行操作"[38]。金属触点（唱针）与鼓膜相连，通过发条紧紧握住滚筒，当操作人员转动手柄，就会带动唱针下覆盖有锡箔的滚筒，扬声器——"一个由电话机的收听装置改装而成的漏斗状听筒"——就开始说话了[39]。

正如人们所料，这种早期的留声机还非常基础。爱迪生预测这套装置能够"记录下 200 字，并使用同一个锡箔滚筒再把声音重新呈现出来"[40]。在录音的过程中，只要锡箔被刻蚀，就能回放出声音；滚筒取下后可以存放起来，或是将声音传送出去，至少理论上就是这样[41]。爱迪生将这条纸带形容为"文字和声音的矩阵"，但是这个矩阵很脆弱，容易破损，声音也非常微弱[42]。

这种留声机还有其他一些缺陷。早期的锡箔滚筒式留声机需要工作人员娴熟的手眼协调操作能力，手柄必须保持匀速转动才能得到一个连贯的记录，然后必须再保持相同速度匀速转动，才能保证连贯地回放，而且只有当锡箔保持在"刚好合适的张力"的情况下，唱针才能非常顺滑地接触到锡箔纸[43]。总之，说起来比做起来容易。

一阵咿咿呀呀的响声就这样产生了。

所有材料和设备都准备就绪，然后讲话者对着漏斗状的小话筒大声说话，声音的振动被集中在录音机上，不过似乎声音并没有被放大多少，甚至仅仅是让机器刚好收集了声音而已。所以播放出"玛丽有只小羊羔"是唯一值得称道的成果。除了喊声外，留声机在播放的时候，字词也很难被辨别出来[44]。很显然，在将锡箔滚筒式留声机推向市场之前爱迪生和他的团队还有很多工作要做。

但是这个新发明倒是很快得到了公众的宣传，很多很多的宣传。

加入竞赛

爱迪生常常夸赞自己的成就，总是很快就让媒体知道自己的新发明[45]。就

对页图：1877 年 12 月 22 日，《科学美国人》（Scientific American）介绍了留声机的发明情况。

em that will shorten the process of extracting the metals reduce the cost, so as to enable poor ores, which are so dant, to be worked at a profit. Millions of tons of the rial as technically known as "tailings" (that is, ores which has been taken all the gold and silver that, by ent processes, can be profitably extracted, but which still ain an appreciable quantity of the precious metals) exall the auriferous districts. For the treatment of these various methods have been suggested. The principal ulty that has been encountered is that of bringing merinto contact with the gold where the latter exists in small quantities, or from the flouring of the mercury vapors of mercury are employed, entailing loss of gam and mercury in the subsequent treatment.

essrs. Forster and Firmin, of Norristown, Pennsylvania, recently devised a novel method of treating ores with ury, for which letters patent have been granted them in United States, Canada, Australia, and other countries. pulverized ore containing free gold or silver is fed from hopper, shown in the illustrations, with a horizontal , A, Fig. 2. While in the act of falling it is impinged

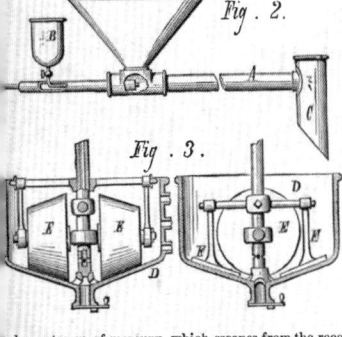

Fig. 2.

Fig. 3.

by a stream of mercury, which escapes from the recep, B, through the inner pipe shown. The flow is broken nd carried forward by steam or air pressure, after the ner of the well known principle of the sand blast. The zontal tube connects with a vertical tube, C, upon which ore and the atomized mercury are together forcibly pro, grain by grain, in a continuous stream, and fall, by own gravity, into the washer or receiver, D. It is ned that an almost unlimited quantity of ore may be ted by this process, as the attendants have only to feed hoppers and remove the deposit. The inventors state that th only a three inch tube from three to five tons of ore be treated per hour."

connection with this amalgamator an improved washer, wn in detail in Fig. 3, is used. This consists of a vessel, ng a conical bottom, in which rollers, E, and also with pers or mullers, F, are placed. The feed water is injected ugh the shaft or near the bottom of the vessel, and the ard current carries off the waste ore, while the amaland surplus mercury collect in the dead water space in conical bottom, whence they are drawn off through the harge cock.

advantages claimed for this invention are: 1st. The d continuous process of amalgamating, thus treating large quantities of ore. 2d. The thorough impregnaof the metals with the mercury, giving larger results. The profitable working of poor ores or tailings, which now valueless. 4th. The simplicity of the apparatus, ing no parts to get out of repair. 5th. The cheapness portability of the apparatus, and the case and economy which it can be operated wherever there is a steam er.

the improved washer the amalgam and mercury are reered rapidly with a comparatively small flow of water, hout the danger of carrying off a portion of either the algam or mercury. For further information, address the entors as above.

CONSTRUCTING ICE HOUSES.

eople who do not own ice houses generally find that ore the summer is over, they have paid a very high price their ice and that the sum so expended would have gone toward the construction of a suitable storage building. can be gathered near almost any country place, and it easily be moulded into blocks even if obtained only in form of a thin layer. The question is how to build a d ice house that will preserve it, and on this point there been much discussion. Mr. R. G. Hatfield, one of the st prominent architects of this city, points out the best, apest and simplest way in SCIENTIFIC AMERICAN SUPMENTS Nos. 55 and 59. There he gives working draws of an admirable ice house which he has constructed which has been found to answer its purpose in every ticular. If the reader retained an architect to prepare a ilar plan the cost would probably be at least fifty dollars; the SUPPLEMENT, plans, specifications, and descriptions all the details are given for but twenty cents.

Scientific American.

ESTABLISHED 1845.

MUNN & CO., Editors and Proprietors.

PUBLISHED WEEKLY AT
NO. 37 PARK ROW, NEW YORK.

O. D. MUNN.   A. E. BEACH.

TERMS FOR THE SCIENTIFIC AMERICAN.

One copy, one year, postage included........................ $3 20
One copy, six months, postage included 1 60

Clubs.—One extra copy of THE SCIENTIFIC AMERICAN will be supplied gratis for every club of five subscribers at $3.20 each; additional copies at same proportionate rate. Postage prepaid.

The Scientific American Supplement

is a distinct paper from the SCIENTIFIC AMERICAN. THE SUPPLEMENT is issued weekly; every number contains 16 octavo pages, with handsome cover, uniform in size with SCIENTIFIC AMERICAN. Terms of subscription for SUPPLEMENT, $5.00 a year, postage paid, to subscribers. Single copies 10 cents. Sold by all news dealers throughout the country.

Combined Rates.—The SCIENTIFIC AMERICAN and SUPPLEMENT will be sent for one year, postage free, on receipt of seven dollars. Both papers to one address or different addresses, as desired.

The safest way to remit is by draft, postal order, or registered letter. Address MUNN & CO., 37 Park Row, N. Y.

Subscriptions received and single copies of either paper sold by all the news agents.

Publishers' Notice to Mail Subscribers.

Mail subscribers will observe on the printed address of each paper the time for which they have prepaid. Before the time indicated expires, to insure a continuity of numbers, subscribers should remit for another year For the convenience of the mail clerks, they will please also state when their subscriptions expire.

New subscriptions will be er ered from the time the order is received; but the back numbers of either the SCIENTIFIC AMERICAN or the SCIENTIFIC AMERICAN SUPPLEMENT will be sent from January when desired. In this case, the subscription will date from the commencement of the volume, and the latter will be complete for preservation or binding.

VOL. XXXVII., No. 25. [NEW SERIES.] *Thirty-second Year.*

NEW YORK, SATURDAY, DECEMBER 22, 1877.

Contents.

(Illustrated articles are marked with an asterisk.)

TABLE OF CONTENTS OF
THE SCIENTIFIC AMERICAN SUPPLEMENT
No. 108.
For the Week ending December 22, 1877.

Price 10 cents. To be had at this office and of all newsdealers.

THE TALKING PHONOGRAPH.

Mr. Thomas A. Edison recently came into this office, placed a little machine on our desk, turned a crank, and the machine inquired as to our health, asked how we liked the phonograph, informed us that it was very well, and bid us a cordial good night. These remarks were not only perfectly audible to ourselves, but to a dozen or more persons gathered around, and they were produced by the aid of no other mechanism than the simple little contrivance explained and illustrated below.

The principle on which the machine operates we recently explained quite fully in announcing the discovery. There is, first, a mouth piece, A, Fig. 1, across the inner orifice of which is a metal diaphragm, and to the center of this diaphragm is attached a point, also of metal. B is a brass cylinder supported on a shaft which is screw-threaded and turns in a nut for a bearing, so that when the cylinder is caused to revolve by the crank, C, it also has a horizontal travel in front of the mouthpiece, A. It will be clear that the point

Fig. 1.

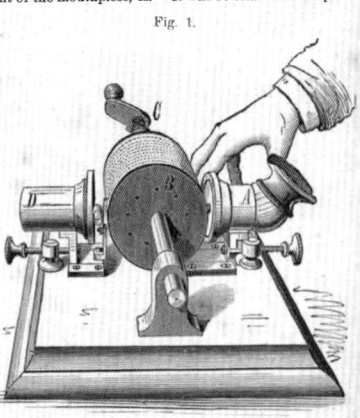

on the metal diaphragm must, therefore, describe a spiral trace over the surface of the cylinder. On the latter is cut a spiral groove of like pitch to that on the shaft, and around the cylinder is attached a strip of tinfoil. When sounds are uttered in the mouthpiece, A, the diaphragm is caused to vibrate and the point thereon is caused to make contacts with the tinfoil at the portion where the latter crosses the spiral groove. Hence, the foil, not being here backed by the solid metal of the cylinder, becomes indented, and these indentations are necessarily an exact record of the sounds which produced them.

It might be said that at this point the machine has already become a complete phonograph or sound writer, but it yet remains to translate the remarks made. It should be remembered that the Marey and Rosapelly, the Scott, or the Barlow apparatus, which we recently described, proceed no further than this. Each has its own system of caligraphy, and after it has inscribed its peculiar sinuous lines it is still necessary to decipher them. Perhaps the best device of this kind ever contrived was the preparation of the human ear made by Dr. Clarence J. Blake, of Boston, for Professor Bell, the inventor of the telephone. This was simply the ear from an actual subject, suitably mounted and having attached to its drum a straw, which made traces on a blackened rotating cylinder. The difference in the traces of the sounds uttered in the ear was very clearly shown. Now there is no doubt that by practice, and the aid of a magnifier, it would be possible to read phonetically Mr. Edison's record of dots and dashes, but he saves us that trouble by literally making it read itself. The distinction is the same as if, instead of perusing a book ourselves, we drop it into a machine, set the latter in motion, and behold! the voice of the author is heard repeating his own composition.

The reading mechanism is nothing but another diaphragm held in the tube, D, on the opposite side of the machine, and a point of metal which is held against the tinfoil on the cylinder by a delicate spring. It makes no difference as to the vibrations produced, whether a nail moves over a file or a file moves over a nail, and in the present instance it is the file or indented foil strip which moves, and the metal point is caused to vibrate as it is affec-

Fig. 2

ted by the passage of the indentations. The vibrations, however, of this point must be precisely the same as those of the other point which made the indentations, and these vibrations, transmitted to a second membrane, must cause the

算事实上他并没准备好将新发明商业化,但这也并不影响他先发布消息,这一情况在他的职业生涯中多次出现。早在 1877 年 8 月,爱迪生只和爱德华·约翰逊(Edward Johnson)使了一个眼色,便让《费城记录报》(Philadelphia Record)的记者知道他有了一个新设备,"一台可以将讲话记录在预先准备好的纸上的机器"[46]。11 月,受到"法国研究人员成功播放录制的声音"这一传言的刺激,爱迪生让约翰逊给《科学美国人》(Scientific American)杂志写了一封信,阐述了自己在这方面的努力及取得的成功[47]。

《科学美国人》杂志的工作人员对留声机异常感兴趣,希望爱迪生能够进行演示。12 月 7 日,爱迪生和巴彻勒小心翼翼地将他们的锡箔滚筒式留声机运送到了纽约[48]。这次首秀必须成功,因为《科学美国人》是这样描述的:

> 近日,托马斯·爱迪生先生走进办公室,在办公桌上摆放上一台小小的机器。摇动手柄,这台机器就发出声音询问我们的身体状况,询问我们是否喜欢留声机,还告诉我们它很好,并对我们亲切地道了声晚安。[49]

在《科学美国人》发表文章后不久,各路媒体便争先恐后地前去围观;而相较之下,之前《费城记录报》的报道则没有引起足够的关注[50]。巴彻勒则给《英国技师》(English Mechanic)的朋友写信解释说:"身在纽约的著名电气工程师托马斯·爱迪生先生刚刚发明了一种记录和再现人声的方法。"[51]

尽管有巴彻勒的声明,但爱迪生当时还不算特别出名,他和他的追随者们辛苦地游走于电报部门和生产企业的狭窄领域内,还没有出现在公众视野中。不过,这一切马上就要得到改变。

就好像是一个开关被迅速拨到了反方向,一夜之间爱迪生的名字便"撒落"在纽约、波士顿、费城及其他地方的各大报刊上。爱迪生敞开门洛帕克实验室的大门,恭迎任何

爱迪生和他的商业留声机,摄于 1912 年。

希望前去参观的记者,这种有亲和力的做法很快便得到回报。1878 年 4 月,爱迪生的老朋友威廉·克罗夫特(William Croffut)为爱迪生塑造了一个十分光辉的形象——他在《纽约太阳报》(New York Sun)的刊文中给爱迪生起了个昵称:"门洛帕克的奇才"[52]。其他人也为爱迪生唱起赞歌,并开始将其称为世界上最知名的发明家。人们成群结队地前往门洛帕克实验室,想见一见这位天才,"宾夕法尼亚州铁路甚至为此开出了专列"[53]!

要锡箔还是要破产

虽说锡箔滚筒式留声机引起了人们广泛的注意,但说到底,充其量它只不过是对留声机的原理进行了验证。在 1878 年的头几个月里,爱迪生和巴彻勒花了大量的时间在美国东部各大城市"拉拽锡箔纸",演示这款产品[54]。热情的商人爱德华·约翰逊把一台早期产品带到了罗德岛以及纽约州北部的一些城镇,满足了人们巨大的好奇心[55]。通常这些演示非常成功,虽然爱迪生手头缺少切实可行的商业化产品,但是他仍然能与众多合作者签订合同,将留声机作为一种特殊的应用型产品推向市场,不过它们大多一无是处[56]。

1878 年 4 月对留声机而言是个重要的日子:爱迪生带着留声机来到华盛顿特区,对受人敬重的美国国家科学院做了一次拜访。美国国家科学院于 1863 年由美国国会建立,亚伯拉罕·林肯签署了成立法令[57]。仅仅过了 15 年,它就成为成绩卓著、颇具影响力的科研机构,并一直保持到今天。4 月 18 日上午,爱迪生抵达华盛顿,他首先拜访了南北战争时期著名的摄影师马修·布雷迪(Mathew Brady),后者为爱迪生拍摄了一张经典的照片——一个看似无聊的发明家坐在他的锡箔滚筒式留声机旁[58]。此时,留声机已经装配了一个沉重的飞轮,能让滚筒走得更为顺畅,不过依然需要手动去操作[59]。后来,爱迪生遇到了约瑟夫·亨利(Joseph Henry),他是史密森学会

爱迪生的首台留声机。

第四章 名扬天下的留声机

（Smithsonian Institution）的秘书和美国国家科学院的主席[60]。

在红色砖墙构筑的史密森学会的总部，也就是著名的"城堡"，爱迪生吹捧着留声机的各种好处。爱迪生被人认为"善于行动，而不善于说话"；由于耳朵不好使，他很少在公开场合演讲。有一次爱迪生说："我可以对两到三人说话，但是一旦有更多的人，他们就会向外扩散出各种未知形式的影响，于是我就不能正常说话了。"[61]现场的演示由巴彻勒来完成，他对着留声机漏斗形的话筒"唱歌、叫喊、学公鸡啼叫，还深情演唱了一曲《尼得叔叔》（斯蒂芬·柯林斯·福斯特作于1848年的名曲 Old Uncle Ned——译者注）"。演示非常成功，来围观的很多科学家把狭小的房间挤得满满当当，他们被深深地吸引住了。

消息传到美国总统拉瑟福德·海斯（Rutherford B. Hayes）那儿。深夜11点，爱迪生被召唤至白宫，这是他职业生涯里第一次与总统私人会面，虽然以后他会见过好几位总统[62]。他来到白宫时，总统先生和其他几位宾客正在享受多才多艺的内政部长卡尔·舒茨（Carl Schurz）的表演，后者正在弹奏钢琴演唱欢快的歌曲。爱迪生安装好留声机，又重复了他的"保留曲目"《玛丽有只小羊羔》，当然还有其他著名小调，直到深夜12点30分。然而，这时候海斯夫人"和其他女士受到现场气氛的感染，纷纷起床换好衣服出现了"。就这样，他又继续着他的表演，直到凌晨3点30分[63]。

从华盛顿返回后，爱迪生的知名度就更大了。在锡箔滚筒式留声机诞生前，他只是在商界出名，然而这件事情之后，他就成为公众人物了。他"如愿以偿"[64]。媒体开始创作"爱迪生神话"，一个又一个成绩和发明接连被报道，他们也不管这些发明在商业上是不是真的有可行性[65]。爱迪生的同事们迅速地把锡箔滚筒式留声机推向市场，也顾不上新的型号实际上还远没达到工作原型机的要求。说实在的，那东西的确具有很高的"展览品质"，在极短的时间里，它为爱迪生带来了数千美元的专利使用费[66]。

然而，在此后的10年里，留声机却被爱迪生忽视了。

对页图：《每日一图》（*The Daily Graphic*）极富想象力地把爱迪生塑造成"门洛帕克的女巫"。

第四章 名扬天下的留声机

三心二意

爱迪生发明的蜡筒唱片。

爱迪生很容易分心。当他遇到一个技术问题,他会全身心地投入,没日没夜地工作,直到找到解决的办法。但是他的脑海中会不断涌现出新的想法,有时候甚至会硬生生地把他从当前的项目中拽出来。

在发明留声机的过程中就出现过一个问题。1878年时,留声机还缺少一个明确的应用范围的界定[67]。对此缺少关注倒也并不是因为爱迪生不够努力,而是因为他有着独特的个人信誉。爱迪生在《北美评论》(North American Review)杂志夏季刊中曾罗列过一个清单,描述"留声机的各种妙用",包括"写"信(准确来说是说信)、取代速记员的工作记录会议内容、盲人读物、有声教材、录制音乐、记录家庭成员的声音或者是记录死者的遗嘱,还可以制作音乐盒、玩具、自发声台钟,进行语言保护,以及各种教育方面的运用(例如保存讲座语音供日后复习),最棒的大概算是电话机中的自动录音装置[68]。所有的这些看上去似乎非常美好,然而在经过了持续的努力后,1878年时锡箔滚筒式留声机只不过在机械方面有所改进,爱迪生并没有把该设备向更广大的市场进行延伸。这款留声机只不过是公众眼里的新玩意儿,抑或是科学家进行声学研究的机器[69]。留声机能不能成为一棵摇钱树,取决于爱迪生是否投入了更多的注意力,然而"在发展遇到阻碍的阶段",爱迪生却被电气照明项目所分心,这个项目令他忙碌了整整10年[70]。

改进留声机

经过了10年的沉寂,同时也伴随着需求和竞争的纷纷升温,1887年爱迪生终于再次把注意力转向留声机[71]。

对页图:爱迪生坐在他的锡箔滚筒式留声机旁,由马修·布雷迪拍摄。
右图:爱迪生的商业留声机作为一种早期口述留声装置被出售。

Every Member of Your Family
and your friends who come to see you will enjoy

The Edison Phonograp[h]

They'll love it, every one of them—[b]ecause it plays every kind of music, [j]ust the kind that each one likes best [a]nd in the purest, truest, most life-[l]ike rendering. Perhaps you like [r]ag-time best; one member [o]f your family may prefer [G]rand Opera; another, band, [o]rchestra or vaudeville mon[o]logue. All right, here they [a]re—the Edison Phonograph [p]lays them all—and plays [t]hem as no other instrument [c]an because it is the only in[s]trument which plays both [S]tandard and Amberol [R]ecords.

Amberol Records

[a]re the longest playing rec[o]rds made—and that means [t]hat only on Amberol Rec[o]rds, and only in the Edison [P]honograph, can you get all [o]f the best of all kinds of [m]usic, played as originally [c]omposed and as meant to be [p]layed without hurrying or

Have you ever heard the Edi[son] Phonograph play? You can h[ear] the Edison in your own town [any] day you wish, on just the m[usic] you like best, or *all* the music [you] like best—on both Stan[dard] and Amberol Records.

The more you know a[bout] music the more you [will] appreciate the Edison P[ho]nograph—for the Ediso[n is] the *universal* musician[. It] is the one instrument [that] plays all the kinds of m[usic] that no one musician c[ould] master in a lifetime. A[ND] IT IS THE HEART [OF] YOUR HOME CIRC[LE]

Edison Phonographs . . . $12.50 to
Edison Standard Records . . . .
Edison Amberol Records (play twice as lon[g])
Edison Grand Opera Records . .75 a[nd]

There are Edison dealers everywhere[.] Go to the nearest and hear the Edison Phonograph play both Ediso[n] Standard and Amberol Records[.] Get complete catalogs from your dealer or from us.

National Phonograph Co.
97 Lakeside Avenue

第四章　名扬天下的留声机

在接下来的几年里，他放弃了将锡箔覆盖在滚筒上的做法，转而"使用类似蜡一样的材料，让一个凿子一样的工具瞬间割出一条凹槽"[72]。"反复录制声音需要制作滚筒的材料足够软、足够耐用。在对蜡、肥皂、脂肪酸等各种材料进行了700多次试验后"，他才终于选择了这种"类似蜡一样的材料"[73]。爱迪生及其助手这才终于摆脱了手摇曲柄，取而代之的是一个由电池驱动的电动机，带动滚筒转动，而滚筒上是一个新式切削工具（替代了唱针）[74]。滚筒本身也可以独立地被取下保存起来[75]。一个大喇叭状的附件被加装到机器上用于放大音乐的音量。1888年早春时，爱迪生又开了一家公司，即爱迪生留声机工厂（Edison Phonograph Works）；那年夏天，他就推出了"完美的"留声机[76]。

　　根据最初的计划，留声机的定位应该是在办公室里取代速记员[77]。这件事说起来容易做起来难，因为技术性问题是不可避免的，这既包括机器的问题，也包括使用机器的人的问题。温度和湿度的变化会使记录滚筒出现"扭曲和破裂"，而从滚筒上刮下来的材料也会阻塞机器[78]。虽然办公室的员工接受了大量的培训，但是仍然有许多人抱怨这台机器太沉，也太难操作了。更糟糕的是，驱动电动机的化学电池寿命有限，有时候几乎就是一放进去电量就耗尽了。过高的成本和杂乱的维护时间表（电池中的化学物质必须周期性地不断填充）令电池既不高效又不安全[79]。

　　然而公众才不理会这些技术问题，他们争抢着要让留声机成为他们休闲娱乐的工具。1889年年末，企业家路易斯·格拉斯（Louis Glass）想出一个主意，把留声机做成一个可投币的机器[80]。他在旧金山开了一家商场，顾客只要花5美分就"可以听到事先录制的歌曲、短小的喜剧小品，或是戏剧作品的朗读版本"[81]。在两年时间里，市面上出现了很多留声机娱乐公司，全国（指美国）安装了704台投币留声机。这些机器可产生很高的利润，给那些利用公众对音乐娱乐活动的需求而牟利的商人带来了数千美元的收入[82]。

　　作为一个小小的幻想，爱迪生和巴彻勒制作了一个足够小的录音设备，能装入洋娃娃的体内。只要轻轻地一拉弦，你就能触动"一个小型留声机……它具有自动回放功能，你只要简单地往一个方向上旋转旋钮，洋娃娃就会一遍又一遍地重复同一句话"[83]。不幸的是，迷你留声机很容易在运送过程中损坏，很难保持正常的工作状态。或许是出于好意，洋娃娃的声音被设置为尖细的音调，然而当它真说话的时候，我们听到的却是令人毛骨悚然的尖叫

EDISON'S TALKING DOLL.

No. 3.

This Doll Recites:

There was a little girl,
And she had a little curl,
　　Right in the middle of her fore
　　　　head;
And when she was good,
She was very, very good,
　　But when she was bad she was
　　　　horrid.

[OVER.]

版的儿歌。

留声机的娱乐价值超出了爱迪生的预期。他注意到自己强调留声机的收听与记录功能这一做法遭遇了商业失利，随后他就承认，"我们这里的实际经验显示，为数众多的机器进入私人住宅只是为了娱乐目的——人们并不拿它们来做记录，或者根本就没期待有这样的用途"[84]。

家庭娱乐市场

在19世纪的最后10年里，爱迪生专门针对家庭市场对留声机进行了改进[85]。他取消了留声机的一些较为复杂的录音控制功能，更加注重提供仅用

第92和第93页图：工人们正在爱迪生留声机工厂生产会说话的娃娃，工厂位于新泽西州的西奥兰治实验室附近。
上图：投币式留声机商场。
对页图：恩里克·卡鲁索和手摇留声机。

于回放的部件[86]。起初爱迪生的留声机有着自己的市场,但到了20世纪,他开始遭遇竞争对手,有些人提出了一些他极力想抵制的想法。

最大的竞争对手是胜利留声机公司(Victor Talking Machine Company),该公司生产了一款格拉福风留声机,这是专为客厅设计的,封装在一个漂亮的木质小柜子里,内置一个号角式的扬声器[87]。这款设备被称为"胜利牌手摇留声机"(Victrola)。它还有一个特别之处:使用一个平面磁盘取代了滚筒。这样的磁盘更容易操作和保存信息,可以播放4~7分钟的声音,而爱迪生的滚筒只能播放2分钟。选购的民众几乎一边倒地喜欢这种形式[88]。

刚开始爱迪生拒绝把滚筒换成更受欢迎的播放时间更长的磁盘[89]。直到10年后,也就是1912年,他最终确定开发钻石唱片留声机(the Diamond Disc Phonograph)并将其推向市场。这款新设备正如其名:它由一个嵌入钻石复刻器的头部和一个由冷凝物质制成的平板圆形磁盘组成[90]。即便此后爱迪生仍拒绝放弃滚筒形式,他还是在同年又发布了一款音质更好的赛璐珞片版本的留声机[91]。

第四章 名扬天下的留声机

爱迪生的顽固还造成了他在音乐的选择上出现了问题。胜利留声机公司的策略是选用知名的流行歌手，如恩里克·卡鲁索（Enrico Caruso）的歌曲，并将他们的名字印在磁盘上吸引购买者[92]。爱迪生则拒绝在这些名流身上砸钱，他更注重的是确保"声音尽可能完美"。他追求质量，不管是声音本身还是录音的质量，而且他觉得根本没有把艺术家的名字刻在上面的理由。他在1911年时对这个问题有过解释："如果歌手拥有很高的名望，当然还是会有很多人去购买失真的、录制有瑕疵的、极为粗糙的唱片，但是愿意购买拥有动听音色、做工精良、没有划痕的唱片的人更是不计其数。"[93]

爱迪生坚持认为只有他才有资格确定哪些歌手和音乐家足够优秀，才能被收录在他的磁盘唱片或滚筒唱片中——这是一个非常讽刺的想法，因为我们都知道他耳聋。后来他的听力问题越来越严重，为了听清楚音乐，他不得不坐在歌手旁边，常常用一个号角形的听筒来捕捉声音。当某人正在弹奏一首曲子时，你会发现一旁的爱迪生简直就像是在啃咬钢琴的琴箱！

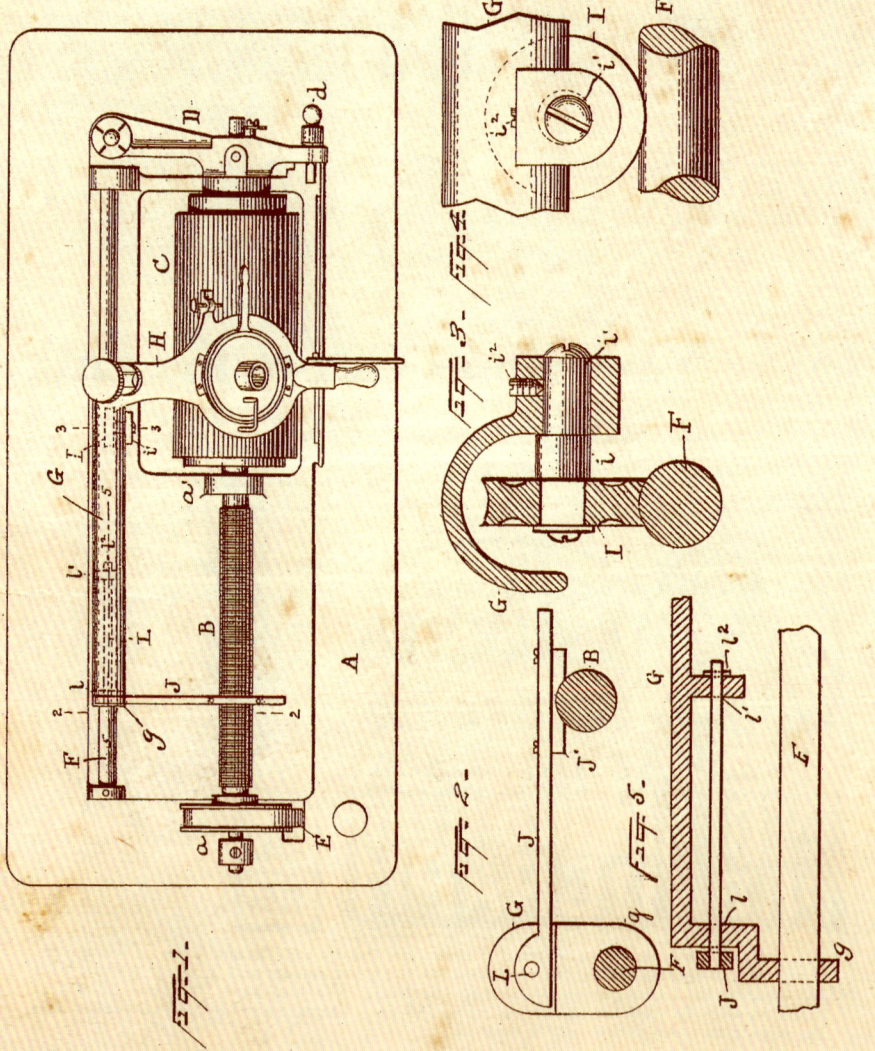

第四章　名扬天下的留声机

他对"高质量"音乐的重视也令他渐渐远离流行舞曲、爵士乐以及随着音乐风格的演化发展产生的其他形式。当胜利留声机公司和哥伦比亚唱片公司的产品适应了新的音乐潮流时，爱迪生还在竭力要求民众听什么样的音乐。尽管后来他不得不承认自己需要变通，也尝试了一些新的想法，但为时已晚，胜利牌留声机及其他留声机已然畅销。

爱迪生在市场预测上铸下了大错。胜利牌留声机成为今天大部分民众记忆中的留声机品牌，尽管爱迪生经常收到来自胜利留声机公司的专利使用费，但事实上恰恰是它将爱迪生挤出了留声机市场[94]。

第五章
家人与朋友

托马斯·爱迪生是一个工作狂。他经常一天工作 18 小时，而且真的很喜欢熬夜工作；感到累的时候，他在实验室里随便找个长凳就能打个盹儿。正如人们所料，这种生活方式无助于维持良好的家庭生活。他总共娶过两位妻子（不是同时）并育有 6 个孩子。很显然，这家伙总保持着忙忙碌碌的状态，甚至从实验室回到了家也是如此。

遇见玛丽·史迪威

1870 年时，爱迪生作为一位发明家赚了大把的钱。这一年他把纽瓦克的实验室搬到了沃德街一处更大的地方，到年底就已经能够生产 600 台证券报价机，可见其事业是相当成功的[1]。虽然还没有到"家财万贯"的程度，但爱迪生开始思考是不是需要找一位妻子了[2]。在这件事上他并没有花太长的时间。

1871 年 10 月，爱迪生创办了新闻通信电报公司（News Reporting Telegraph Company），这是一家报业公司，承诺向读者投送"全世界的重要新闻……即时地被纽约电报局接收"[3]。公司会安装一条私人电报线路，并在顾客家里免费安装一台打印设备。顾客一周只要支付 3 美元，就能收到刚刚发布的新闻[4]。

可是这项业务遭遇了彻底失败，3 个月内就关停了[5]。

然而爱迪生并没有满盘皆输。市面上对于熟练的报务员有着很大的需求，于是公司开展了一项针对年轻姑娘的培训项目。有个叫约翰·奥特（John Ott）的人，他是威廉·昂格尔的堂弟，在 50 年的时间里他一直为爱迪生干活[6]。奥特有个很熟的朋友，家里有个 16 岁的妹妹，名叫玛丽·史迪威（Mary Stilwell）[7]。

对页图：爱迪生及其家人，摄于 1907 年。
第 102 和第 103 页图：位于新泽西州纽瓦克市沃德街的爱迪生的实验室，摄于 1873 年。

我们都知道爱迪生一直专注于发明创造，所以直到24岁，他依然不是一个有女人缘的人。他不知道应该如何接近玛丽·史迪威，他略显紧张的恋爱表现被玛丽以及公司的其他人察觉到了。过了一阵子，他们俩开始交谈，偶尔还会有一些浪漫的事情发生。爱迪生逐渐成为一个非常成功的发明家，爬上了名望与财富的顶峰；玛丽则来自一个经济上面临困境的中产阶级家庭[8]。突然有一天，他们心有灵犀，一起进出音乐厅（但是爱迪生不喜欢跳舞），许多幽默的爱情故事就在他俩身上发生了。

有几部较早时期的传记详细记述了爱迪生向玛丽求婚的有趣逸事[9]，其中一个版本是这样的：

> 有一天她正在电报机前打字，爱迪生在她身边不停地转圈圈，直到她感到心烦意乱。她停下手中的活，抬起头看着他。
>
> "爱迪生先生，"她说，"不管你什么时候出现在我背后，或者停留在我附近，我一直都知道。"
>
> "那你对此有什么解释吗？"
>
> "我不知道，但我确信，"她回答道，"你在我附近的时候我能感觉到。"
>
> 爱迪生说："史迪威小姐，最近我一直非常非常想念你，不知道你是否希望有我在。我要娶你。"
>
> "你吓到我了，"她打断了爱迪生，"我……我没有……"
>
> "我知道你没想过我会成为你的追求者。"爱迪生也打断了玛丽，"但是请仔细考虑我的求婚，史迪威小姐，并且请转告你的母亲。"[10]

这段对话是不是真的像记载的那样是一个值得怀疑的问题。这个故事的另一个版本是爱迪生告诉她："不要太急于回答，仔细考虑一下，回去跟您母亲谈谈，随后尽快让我知道，比如星期二。"[11] 不管怎样，最终结果是，第二天玛丽就答应了。一周以后，也就是1871年的圣诞节，他们结婚了[12]。

家庭生活

爱迪生和玛丽在波士顿待了一周，算是度了蜜月[13]，随后他们便回到了自己的新家——在纽瓦克租的一栋房子，房子里各种摆设配套齐全，仆人也已经在那儿等候了[14]。很快，爱迪生就返回到实验室，又开始了黑夜与白天

第五章 家人与朋友

连轴转的工作模式。起初他还以为新婚妻子会陪伴着他在发明事业中继续走下去,但是这个想法很快就破灭了。有一天晚上,他在自己实验笔记本中的一张电路草图的旁边写下了这样一段话:

玛丽·爱迪生夫人,我深爱着的妻子,她不喜欢发明,真可恶!![15]

另外一句话写于1872年的情人节,读上去似乎有点古怪:

我的妻子,我的小美人儿,她不懂发明。[16]

爱迪生的原配夫人玛丽·史迪威。

不久之后,玛丽就被实验室"解雇"了,沦为家庭主妇。多年以来,她一直努力成为一个好妻子,但始终没能习惯丈夫整日整夜待在实验室里。她带着痛苦料理整个家庭,但是爱迪生很少去看望他们,好像也从没关注过他们。在两人热恋的时候,爱迪生还曾"陪伴左右,一起做些有趣的事,一起去剧院",但是作为丈夫,他没表现出足够的关心[17],说句好听的,他对家庭有些疏忽了[18]。玛丽感觉自己太缺乏关照,于是说服爱迪生写信叫她妹妹爱丽丝搬来这里住。爱迪生欣然应允,因为他想,当自己一心忙于发明的时候,爱丽丝能让玛丽过得更充实些。从小生长在大家庭的玛丽会经常举办晚宴,而且往往都非常棒,但是爱迪生也经常不能按时出席[19]。

尽管如此,他们还是设法挤出了足够的两人在一起的时间。在13年的婚姻生活中,他们共同抚育了3个孩子。1873年2月18日,结婚14个月后,玛丽昂·埃斯特尔·爱迪生(Marion Estelle Edison)降生。爱迪生喜欢给每个孩子起一个昵称,考虑到自己是从报务员起家的,于是他给第一个孩子起了个小名叫"嘀嘀"(原文是Dot,直译应为"点点",但为了叫起来更好听,也更符合中国人对电报码的认知,这里翻译成"嘀嘀"——译者注)。3年以后,他们迎来第二个孩子,爱迪生给予孩子和自己相同的名字,小托马斯·阿尔瓦·爱迪生(Thomas Alva Edison, Jr),而爱迪生给他

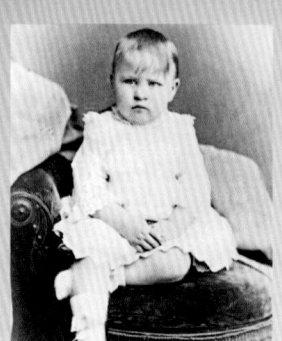

爱迪生与玛丽的孩子们：（从左往右）威廉、玛丽昂和小托马斯·阿尔瓦。

起的小名叫"嗒嗒"（原文是 Dash，直译应为"划划"，但为了叫起来更好听，也更符合中国人对电报码的认知，这里翻译成"嗒嗒"——译者注）。最后一个孩子是威廉·莱斯利（William Leslie），诞生于 1878 年。莫尔斯电码有着显而易见的局限性，所以有人想知道爱迪生会不会给第三个孩子起一个昵称叫"停停"（Stop）[20]。

为了弥补自己对家庭缺乏关爱的遗憾，爱迪生给了玛丽很多钱用于日常开支。玛丽并不是非常善于管理这笔钱，经常在"奇装异服及礼帽"上乱花钱。她在家里花钱的状态就跟爱迪生在自己很多业务上花钱的情况是一样的[21]。

爱迪生易分心的毛病也体现在对待子女上。他忙于自动电报机的工作，在华盛顿和匹兹堡之间来回奔波，处理供应商的事以及金融等方面的事务，连玛丽昂的生日也忘了。随后他又远渡重洋，去英格兰待了 4 个月[22]。爱迪生与小爱迪生、威廉之间的关系不太融洽，孩子们在童年时期换了好几个保姆，如玛丽、爱丽丝，然后他们又被送去了寄宿制学校。他们的生活或多或少都遇到了一些困难，并且（更主要的）缺乏父亲的宠爱。尽管他们曾向父亲提出过抗议，但是他们依然还在等待爱迪生的关心[23]。

小爱迪生与当地合唱团的一个姑娘有一段短暂且闹腾的婚姻，他为此疲于奔命，同时还为自己无法取悦老爸而叹息。他也尝试着成为一个发明家，不过失败了（因为一次略带欺诈性质的生意遭到了父亲的严厉反对），还险些酒精中毒，最终他只能陷入深深的沮丧之中[24]。爱迪生对小爱迪生感到气愤至极，甚至责令他改姓！小爱迪生照做了，至少暂时是，他把姓名改成托马斯·维拉德（Thomas Willard）。有一次，爱迪生悲伤地告诉一个朋友："我一直没能让他认真读书或在实验室工作，因此他绝对是个文盲。"在父亲去世以后,小爱迪生被其同父异母的弟弟查尔斯招入爱迪生的公司,然而没想到,没过多久他就死于心脏病[25]。

威廉也有一段相似的困难时光。和小爱迪生一样,他被送到新罕布什尔州和史丹顿岛(Staten Island)的寄宿制学校[26]。后来他设法进入了耶鲁大学谢菲尔德科学学院,然而他并不是一个很出色的学生。他于1900年毕业,也曾努力做一个发明家[27]。又与小爱迪生的情况相似,他所选择的妻子——"巴尔的摩绅士农场主和农产品批发商的女儿"布兰奇·特拉弗斯(Blanche Travers)——也没得到爱迪生的肯定[28]。更糟糕的是,爱迪生抨击威廉"玷污了他的美名"[29],因为威廉想创建一个不那么靠谱的发明公司。在狂怒中,爱迪生声明:"我找不到任何支持我儿子的理由。他没有给我赢得任何荣誉,还让我多次感到脸红羞愧。"[30] 爱迪生如此态度令威廉非常恼火和失望,最后他在农村安顿下来,于1937年去世。

爱迪生与这两个儿子之间的关系危机是在玛丽死后很久才出现的。1884年8月9日,玛丽突然去世,那年她只有29岁[31]。1876年,爱迪生和玛丽从纽瓦克搬到了门洛帕克的新家,那是一栋更宽敞的房子,距离实验室不远。虽然离家更近了,他们之间的亲密关系却并没有改善。因为爱迪生继续在实验室里整夜工作(和打盹儿),即便距离他自己的床只有几步之遥。玛丽的死因始终是个谜[32],官方的说法是"脑血栓"[33],大家本以为是脑肿瘤,或者是在治疗疾病的过程中使用了过量的吗啡。后来爱迪生认为这是他家庭中的一个污点。当11年后大女儿玛丽昂询问爱迪生母亲究竟因何而死时,爱迪生坚持说:"伤寒。"[34] 我们不能说爱迪生不痛苦,玛丽昂后来回忆说,她父亲"悲伤地颤抖着、哭泣着、呜咽着"[35]。

遇见米娜·米勒

玛丽去世后,爱迪生变得非常孤单,又或许是出于内疚,于是他决定把11岁的玛丽昂留在自己身边。第二年,也就是1885年,玛丽昂跟随爱迪生一同出行[36]。原来一直是玛丽负责抚养孩子的,现在轮到爱迪生了,他要让玛丽昂保持忙碌,同时自己也得四处寻找下一个大项目。这一时期玛丽昂所接受的教育主要是每天读上10多页的《百科全书》,然后参加突击测试[37]。

玛丽昂还向她的父亲提出再找一个新妻子。爱迪生经常和自己的同

爱迪生在门洛帕克市的家。

事埃兹拉·季利兰及其太太莉莉安（Lillian）一起出差。季利兰是爱迪生的老朋友了，南北战争时期他们都担任过游击报务员；在爱迪生搬去贝尔实验室前，他一直在爱迪生位于纽瓦克的公司工作。1885年2月，作为中间人，季利兰还前往新奥尔良参加世界工业和棉花百年纪念博览会，爱迪生的好几项电报方面的发明出现在波士顿贝尔公司的展台上[38]。在博览会的过道里，爱迪生、季利兰跑向俄亥俄州的实业家刘易斯·米勒（Lewis Miller），他发明了很棒的收割机、割草机，当时玛丽昂也跟在后面[39]。

无法判断这次会面是不是预先安排的——米勒是季利兰的朋友，他们经常聊一些家事——爱迪生立刻对米勒的女儿米娜动了心，然而她当年只有19岁，是爱迪生年龄的一半[40]。在展会结束后，季利兰继续充当"恋爱萌芽期"的月老角色。由于他们不断有业务往来，爱迪生频繁地前往波士顿，季利兰也时常在波士顿湾北部的夏季别墅——伍德塞别墅举办社交活动[41]。米娜·米勒是波士顿一所女子学校的学生，无论何时，只要爱迪生留在波士顿，季利兰就会刻意邀请米娜参加聚会[42]。

米娜的特点是玛丽所没有的。玛丽"丰满而美丽"，而米娜则"娇小而黝黑"：有着稠密浓黑的头发、"水汪汪的棕色眼睛"以及"完美无瑕的黄褐色皮肤"，看上去有点"像吉普赛人"[43]。她也订过婚，未婚夫是与她父亲刘易斯·米勒合作开办纽约州肖托夸装配厂的合伙人的儿子，不过后来经过所谓的深思熟虑后很自然地米勒一家把这门婚事给退了[44]。几年前，爱迪生曾拒绝过季利兰一次前往别墅的邀请。不过当机会再次来临时，他就准备前往，目的是加强对米娜的攻势。

爱迪生和玛丽犹如合同约定好的那样步入了婚姻的殿堂，而爱迪生面对米娜时的反应与面对玛丽时则截然不同，他似乎完全被米娜征服了。这种情况我们可以从爱迪生1885年夏天写的日记里了解到，这是一本只写了9天的日记，也是他唯一反映私人感情的记录。这本日记起初也是埃兹拉·季利兰计划的一部分，他安排爱迪生在伍德塞别墅住上几个星期，目的是让爱

第五章　家人与朋友

迪生及其他人"在空闲的时候调查社会发展前景"[45]。爱迪生写信给同事塞缪尔·英萨尔，后者也正在寻找女性伴侣，爱迪生建议他应该"来季利兰这儿，有好多漂亮的女孩子"[46]。爱迪生的日记是这样开头的：

> 5:15 惊醒，想到了米娜、黛西和 G 妈妈。

爱迪生和妻子米娜。

爱迪生在第一天的日记里第一个想到的就是米娜。虽说他理应在别墅里多考察几位年轻女子作为自己未来妻子的候选人，但显然他的心思已经转到了米娜身上。"把米娜当作基础，从黛西（另一位客人）和 G 妈妈（季利兰夫人）身上寻找某些特质给她增添美感，这是拉斐尔美学序列。唉，陷得太深，思绪已乱，我回去继续睡觉吧。[47]"几天后，其他女孩子陆续离开了，爱迪生也该把目光转移到工作中去了，然而他说自己又想到了米娜。

> 睡得很甜美，以至于米娜也没叫醒我；相反，拉斐尔梦中的思维或许会被打乱，他大概会想象出一个人，拿来与肖托夸的女佣做比较吧。

爱迪生还提到了 12 岁的玛丽昂，也就是"嘀嘀"，她在整个行程中一直跟随着爱迪生。她的目光在不同的女人身上扫过，观察哪个有可能成为父亲的下一任妻子。"我挑选了我想要的继母，"那个夏天，玛丽昂也在自己的本子上写道，"最主要的原因是她和我妈妈很像，也是金发碧眼。"还有，嘀嘀"直觉上认为父亲爱上了这个俄亥俄姑娘"。嘀嘀有个计划，写一部小说，以"一场被胁迫的婚姻为素材"，对此，爱迪生提供了"一个鲜活的例子摆在面前，他的婚姻充满了不幸"。不过话说回来，这段时间可能是爱迪生与孩子们最亲近的时光了[48]。

新家庭更用心

长达一年的恋爱对爱迪生来说算是史上最长的一次，他发现自己心向肖托夸，最后终于向米娜求婚了。与前一次婚姻一样，传说混杂于现实中，这第二次婚姻也没有确切的记载。其中最有趣的故事是爱迪生教米娜如何使用莫尔斯电码来"签名",这样他们就可以进行私密通信[49]。那个时候的爱迪生已经非常出名了,经常会有记者跟着他索要最新消息。由于他耳聋的问题越来越严重,别人在和他说话时往往要对着他健全的那只耳朵提高嗓门嚷嚷。而敲打莫尔斯电码可以让爱迪生与米娜正常地"交谈",全世界都不知道他们在谈论什么[50]。

  1885年8月爱迪生再次来到肖托夸,他邀请米娜加入他、玛丽昂和季利兰的一次穿越纽约州与新罕布什尔州的旅行[51]。在风景如画的怀特山中,爱迪生与米娜驾着马车,爱迪生"在米娜手心中用莫尔斯电码敲下了求婚的信息",米娜也用手指敲打出"YES"[52]。爱迪生和玛丽从订婚到结婚宣誓只用了一周时间,而他和米娜的婚姻则等待了6个月。1886年2月24日,他们在米娜的家乡俄亥俄州的阿克伦城(Akron, Ohio)完婚。米娜成为自己的继母了,玛丽昂在这个问题上有些困惑,因为米娜只比自己大7岁,"做我母亲的话太年轻,而做我的密友又显得太老"[53]。

  这对新婚夫妇搬去了位于新泽西州西奥兰治的一栋非常精美的房子,名叫"格伦蒙特"[54]。爱迪生离开了门洛帕克实验室,期待着与妻子开始一段崭新的生活。他们的新房是维多利亚时期的大房子,占地52609平方米,距离爱迪生的新实验室不远;由于米娜出身于一个富裕的家庭,所以即使面对有着23个房间的大宅子,她料理起来也能得心应手。她成为现如今已大名鼎鼎的爱迪生的完美生活伴侣。另外,她的身份不仅是家庭主管,而且她还要支持丈夫继续拓展业务范围,创造更多的财富,不断提升名望与地位[55]。米娜心甘情愿成为爱迪生在事业上的伙伴,在格伦蒙特楼上的客厅里,她经常在紧挨着爱迪生的桌子上工作。她还成为爱迪生的保护者,替他排除外界干扰,对付那些不断上门来打扰他的人,为他营造了一个适合创新的环境,好专注于工作。没有比利(Billy)(米娜怪异的男性化的小名[56]),"爱迪生的付出可能无法全部获得回报"。

  2年后,1888年2月18日,他们的女儿玛德琳(Madeleine)降生。1890年,儿子查尔斯(Charles)出生。8年后,他们又有了一个小儿子西奥多(Theodore)。相比于

爱迪生位于新泽西州西奥兰治的房子。

第五章　家人与朋友

爱迪生与米娜的孩子们：(从左往右)玛德琳、查尔斯和西奥多。

第一个家庭，爱迪生对自己的第二个家庭显然投入了更多的关注，但是他仍把大量时间用在工作以及公务出差上。爱迪生的两个大儿子，小托马斯·爱迪生和威廉完全没有融入父亲的事业；与之相反，查尔斯和西奥多日后倒是成为爱迪生公司中的关键人物[57]。

有 人 去

爱迪生没有非常亲近的朋友。他的工作日程令他没有足够的空余时间与他人建立深厚的友情，所以他顶多只有一些亲密的工作伙伴，如查尔斯·巴彻勒、约翰·克鲁奇、塞缪尔·英萨尔和埃兹拉·季利兰等。在第一次见到米娜的新奥尔良之旅中，他和季利兰留出了更多的时间去佛罗里达湾海岸线游玩了一番，最后来到一个叫迈尔斯堡（Fort Myers）的地方。爱迪生爱上了这里，他和季利兰背靠背买下两栋相邻的房产供避暑度假。他们甚至还造了一个通用型的码头直通海湾，他们在那儿钓鱼，讨论一天中重要的事情[58]。

然而在开发留声机的过程中，这段友谊也戛然而止。季利兰曾建议爱迪生安排与玻璃行业巨头和金融家杰西·利平科特（Jesse Lippincott）的会面[59]。然而，季利兰在爱迪生不知情的情况下，与利平科特签订了一份一次性回扣相当可观的合同[60]。当爱迪生发现被欺骗的时候，他毫不客气地

爱迪生在佛罗里达州迈尔斯堡的房子。

断绝了与季利兰的联系,季利兰也没再回到迈尔斯堡[61],留下了空荡荡的房子。最终,爱迪生买下了这栋一墙之隔的房产。

有 人 来

第一次见到亨利·福特(Henry Ford)时,爱迪生已经是一位成功的发明家和社会名流了。相反,1896年时的福特还只不过是爱迪生在底特律的照明公司的一名工程师[62]。在科尼岛(Coney Island)举行的一次公司会议上,福特被人介绍给爱迪生,他主动向爱迪生介绍了自己的一个支线项目——使用汽油发动机的汽车原型(并不是当时已经出现的电动汽车)。爱迪生非常着迷于这个想法,据福特说,爱迪生当时用拳头砸着桌面说:"年轻人,这是个好东西!"他鼓励福特"继续做下去"。受到激励的福特决定努力实践自己的想法[63]。

虽然爱迪生表现出极大的热忱,但是他好像也很快就忘记了亨利·福特及其汽油动力汽车。后来他们俩竟然长达11年未曾谋面,直到福特成为福特汽车公司的掌门人,成功地生产出汽车,而后他向爱迪生索要一张签名照,然而爱迪生却拒绝了福特的请求。到1912年,两个人达成协议,爱迪生将为福特汽车公司研发一款电池[64]。虽然经过多次尝试未能实现他们的目标,但他们终究成了好朋友,福特还为爱迪生未来的多个项目提供了资金。

随后,他们决定去野营。

1916年,69岁的爱迪生与48岁活力四射的老哈维·费尔斯通(Harvey Firestone)(著名的轮胎生产商)、79岁的博物学家约翰·巴勒斯(John Burroughs)一同踏上野营之旅,后来这成为他们每年的保留项目[65]。野营的目的当然是摆脱各自工作中由于紧张和专注而产生的压力。第一年,他们驾车"穿越阿迪朗达克山和格林山脉"[66]。在临行前的最后一刻,53岁的福特因事退出,不过之后差不多10年里他都加入其中[67]。

这个穿行于不毛之地的"百万富翁俱乐部"对成员并不严格限制[68]。巴勒斯把它称作"如影随形的'轮椅上的华尔道夫酒店'"[69]。旅行团的成员最多一次有14人,包括"费尔斯通的儿子小哈维,以及3个朋友,一个厨

对页图:亨利·福特会见托马斯·爱迪生。
第114和第115页图:(前排从左往右)亨利·福特、托马斯·爱迪生、沃伦·哈丁、哈维·费尔斯通及其他人在一次欢乐的野营旅行中。

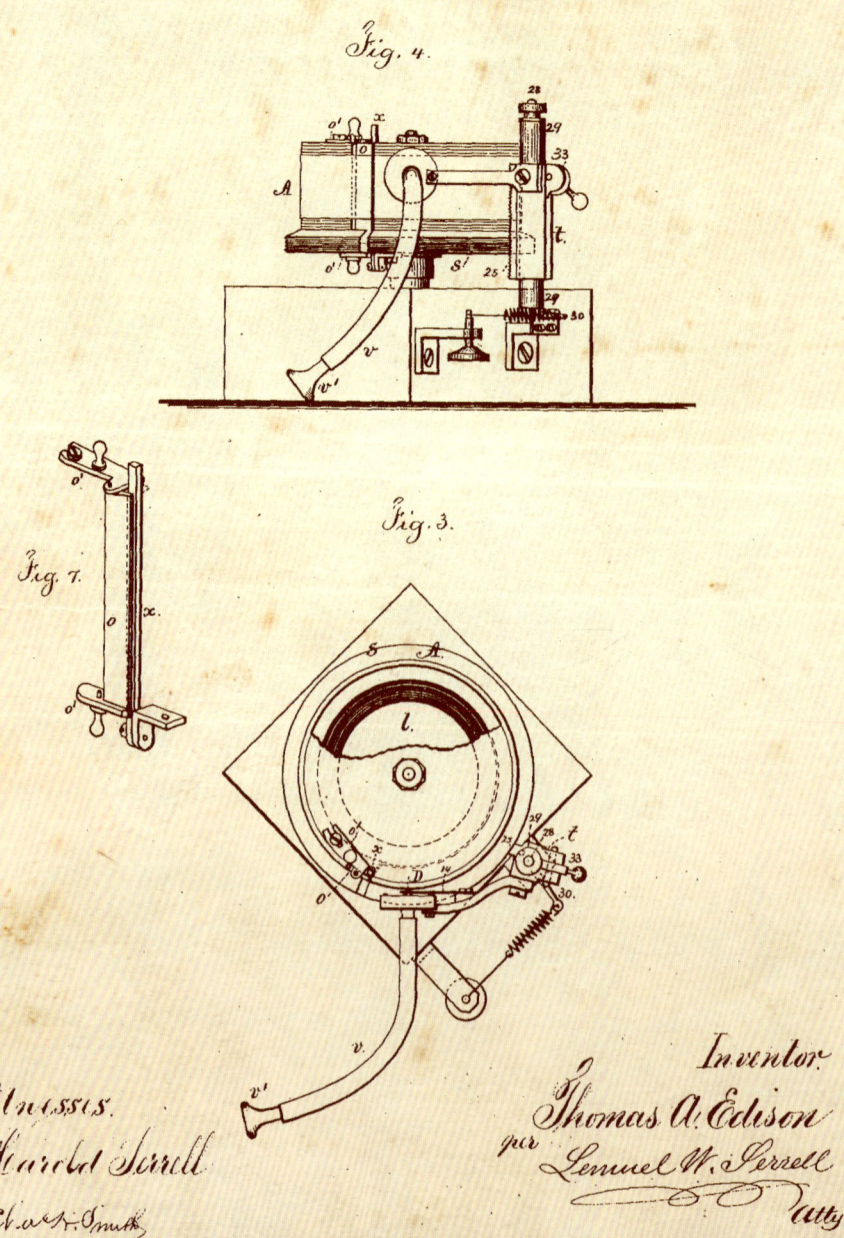

师和各种助手"[70]。在1918年的一次旅行中，团队一行人挤进至少3辆汽车，后面跟着几辆货车，装着大量野营装备。随行的厨师现场制作当天的晚宴供大家在户外享用。一位专业的"摄影师总是跟在边上为报刊拍摄照片，或为一些新闻媒体拍短片"[71]。这样做也能让他们在野营过程中摆脱狗仔队。

　　到了1919年，随从已经扩大到了"50辆汽车和卡车，车上还贴上了标贴，变身移动广告牌，鼓励路人'购买费尔斯通轮胎'"[72]。他们的行程包括：驱车从旧金山到圣罗莎、从阿迪朗达克山到格林山脉，驾驶旅行车穿行大雾山追寻"具有历史意义的旧新英格兰民兵的足迹"，还有俄亥俄州、马里兰州、西弗吉尼亚州、宾夕法尼亚州等地各具特色的行程[73]。在他们抵达前，有人向每个镇子通风报信，于是总会引发一场大规模的活动，包括拍照、演讲……诞生了很多用于新闻短片的素材，比如有部片子的名字就叫《天才们在星空下酣睡》[74]。他们的旅行似乎越来越不可能做到"免打扰"，反而多了一些冠冕堂皇的市场竞争。爱迪生的女儿玛德琳后来认为他们更多的是在"作秀"[75]。1921年巴勒斯去世了，不过作为一项传统，福特、爱迪生、费尔斯通把野营活动延续了下去，其他一些名人有时候也会加入他们，其中还包括了1920年加入的美国总统沃伦·哈定（Warren G. Harding）（费尔斯通的朋友）、1924年加入的美国总统卡尔文·柯立芝（Calvin Coolidge）。

　　不旅行的时候，爱迪生和米娜会敞开格伦蒙特的大门招待各界名流，诸如玛利亚·蒙台梭利（Maria Montessori，教育家、哲学家、蒙台梭利教育法创始人——译者注）、"黑桃杰克"潘兴将军（General Pershing，著名军事家，美国特级上将——译者注）、奥维尔·莱特（Orville Wright，发明飞机的莱特兄弟之一——译者注）、查尔斯·林德伯格（Charles Lindbergh，第一个飞越大西洋的人——译者注）、乔治·伊士曼（George Eastman，美国发明家和企业家，胶卷发明人和柯达品牌创始人——译者注），当然，还有福特、费尔斯通和巴勒斯。胡佛总统和威尔逊总统也是受欢迎的宾客，随时都可以加入。根据爱迪生的说法，他还招待过墨西哥总统、开尔文勋爵（Lord Kelvin）、"坐牛（Sitting Bull，印第安苏族部落首领）和15位年轻的苏族印第安人"[76]。每当爱迪生在国外旅行时，他也总会成为各国皇室、总统及其他社会名流的座上宾。当他逐渐老去，经济方面也无后顾之忧时，他便开始放松休闲，也有更多的时间用于实验室以外的地方，不过事实上他从未完完全全停止工作。

第六章
改良电灯泡

直到 1878 年中期,爱迪生一直都沉浸于研发锡箔滚筒式留声机的工作中。在看到很多次成功的演示后,市场销售人员都期盼着爱迪生的公司能生产一个精致的版本,向办公室和社会公众推广。但是爱迪生渐生倦意,至少他又开始"开小差"了,最后他放弃了在留声机上的全部努力,转而投入到下一项伟大的工作——改良灯泡[1]。这些灯泡更确切地说是白炽灯,它所提供的光亮与"弧光灯发出的火焰般的光芒"完全不同[2]。

生产一只实用的灯泡并不是一个新的想法[3]。直到 19 世纪中叶,人们的研发焦点仍然在"从发光物质的实际损耗中获得照明"上(例如燃烧油脂、石蜡、鲸油或其他形式的碳)[4]。爱迪生对此则有着不同的看法。他相信答案一定不是具体消耗哪些材料,而是如何让它们发光,就这么简单——有另外一种已知的办法就是"白炽现象"——将电通过这些材料使其产生高温而发光[5]。不过这个想法面临一个问题:"几乎整个科学界的人都宣称这个想法应该没有办法实现"[6]。

> 顶尖的电气学家、物理学家以及这个时代杰出的专家们对这个问题研究了超过 25 年,最后只有一项特例——有人通过数学方法提出了不同意见,并推理出所谓的"电灯",除此以外,大家都认为办不到。[7]

爱迪生从来就没有被"不可能"击退过,他要证明大家都错了。他督促同事们"抓紧时间",因为他"砸到了一个金蛋"。爱迪生贸然向《纽约太阳报》的记者宣布:"我做到了!"[8] 实际上他还没有真正实现呢,但是对他而言白炽灯的原理是很简单的:电流通过金属铂、碳棒或其他材料就会产生热量,这就有可能产生温度极高的白热现象,即所谓的"白炽",这样也就实现了

对页图:由瓦尔特·赫胥黎(Walter Huxley)创作的画作《白炽灯的发明》。
第 120 和第 121 页图:爱迪生在思考有关灯丝的问题。

FRANK LESLIE'S ILLUSTRATED NEWSPAPER

No. 1,267.—Vol. XLIX.] NEW YORK, JANUARY 10, 1880. [Price, with Supplement, 10 Cents.

NEW JERSEY.—THE WIZARD OF ELECTRICITY.—THOMAS A. EDISON EXPERIMENTING WITH CARBONIZED PAPER FOR HIS SYSTEM OF ELECTRIC LIGHT, AT HIS LABORATORY, MENLO PARK.—FROM SKETCHES BY OUR SPECIAL ARTIST.—SEE PAGE 353.

第六章 改良电灯泡

发光效果[9]。

这个原理在1847年的一项专利中已经被证明。"白炽灯有两种形式：一种是将铂箔放置在一个玻璃罩子下，隔绝空气，用一个燃烧器进行加热；还有一种是使用金属薄板，或是碳质铅笔，置于托里拆利真空管中。"[10] 其他的实验者还发明了别的方法，比如在一个玻璃球上放一个金属杯，并抽走所有空气[11]。这些改良的结果是终于发明了可以发光的"灯泡"，只不过还是个雏形。现在挡在大家面前的还有两个大问题：碳灯在短短几秒内就熄灭了，昂贵的铂灯可以点亮得稍久一些，但必须加热到一定程度——那是只比熔点低一点点的温度——一不小心就会热过头（发生熔断），导致的结果就是这种灯也只能被点亮几秒[12]。这种产品尚未达到走向市场的那一步，爱迪生随后承认："要创造并推广一套实用性很强的系统还是比较困难的。"[13]

即便如此，爱迪生仍意识到制造一只有用的白炽灯所必须具备的3个要点："在同一条连通的电路上可以点亮无数只灯泡，每只灯泡在提供照明的同时还能满足人们在经济性方面的考量，每只灯泡都能独立地点亮或熄灭。"[14] 如果换一种说法就是，一个开关可以打开许多灯泡；灯泡能持续点亮足够的时间并且成本是可接受的；如果一只灯泡坏了，其他灯泡还能继续工作。

这是一个很有远见的想法。爱迪生对他的才能从不有所保留，他认为凭借自己的聪明才智和一番努力，一定能够实现目标。在他看来，他并不是简单地在前人的工作当中寻找突破口，"它是抛弃全世界所谓的'定论'，以脑海中有逻辑的原始推理为基础，又经过详尽的实验所产生的原创性成果"。爱迪生认为，自己不必理会失败所带来的人们的讥讽与嘲笑，他一定可以做出来给大家看[15]。

寻找灯丝

因为爱迪生在留声机、电话、碳质发报机等方面有过杰出的成就，所以他很容易就想到从某些纸上做文章[16]。其他人已经证明了炭化纸无法持续足够长的发光时间，但是爱迪生习惯性地要求自己做一次试验才肯相信。1877年他将"一条约25.4毫米长、1.6毫米宽、0.15～0.17毫米厚的炭化纸"[17]的两头用夹子夹住，连接在电池的两极上。正如预料的那样，把炭化纸加热到发亮后它立刻就断裂了。然后爱迪生将相同的炭化纸放到真空管中再做试

对页图：爱迪生正在将炭化纸作为一种潜在的灯丝材料进行试验。

发明家摩西·法摩尔是灯泡研制过程中的关键人物。

验,结果它的寿命延长到了8分钟[18],即便他们所使用的只是一个手动抽气泵,只能得到半真空的环境[19]。然而,此后再经过多种变化,做了多次试验,效果依然没有改善,因此爱迪生得出结论,炭化纸是不可行的,至少在时间上不过关[20]。

除了用碳作为材料,爱迪生还尝试了铂,这其实也是别人用过的。用这种材料所面临的困难也有不少,除了要通过试验确定合适的能使铂发光却不足以熔断的温度以外,难以置信的高成本也是一个问题。爱迪生还尝试了其他熔点更高的金属,如硼、钌、铬等,它们在被加热时不容易变成金属垃圾[21]。他还尝试将这些材料作为两段碳之间的连接桥梁,直接接入电路;他甚至还尝试过硅粉[22]。这些尝试取得过一些成功,但是它们都不满足成熟产品的要求。然而其他一些材料注定是行不通的。爱迪生就是这种类型的科学家,认为自己一定能攻克某个技术问题,不尝试数千种可能决不会罢休。有一次他对同事说:"你要结果?为什么这么说?伙计,我已经取得了许多结果!我已经知道数千种不可行的方案!"[23]

就在这段时间,他和部分同事前往康涅狄格州拜访威廉·华莱士(William Wallace),后者曾针对弧光灯做过多次试验,这注定是一次意义重大的访问[24]。回来后不久,爱迪生就申请了自己的第一个电灯专利:"对电灯的改良"[25]。我们有理由相信,他可能"借鉴"了华莱士的部分想法。考虑到华莱士是"电气领域的先驱之一",爱迪生给予其一定的知识产权[26]。他说道:

> (华莱士)做出了大量的杰出贡献,令其他人享用不尽;他在电灯方面的早期工作让他人受益良多,他却未受关注,渐渐被人遗忘。[27]

受益最多的大概就是爱迪生了吧。

爱迪生还得到了华莱士的另一位同事摩西·法摩尔(Moses G. Farmer)的帮助,他是因为双工电报机才认识法摩尔的[28]。爱迪生对法摩尔的工作非常熟悉,后者也涉足过白炽灯研究,通过少量铂和铱做成的金属

对页图:爱迪生发明的第一只白炽灯泡,摄于1879年。

丝也得到过短暂的点亮时间。回到位于门洛帕克的家中后，爱迪生又在研发商用白炽灯领域进行了新的尝试。他又重拾了加热碳材料来发光的想法，并与巴彻勒一起使用不同的材料做了无数次试验[29]，其中包括炭化纸条、涂抹了柏油和油烟的纸搓成的纸棍、硬碳棒、木炭棒，"几乎每一种能想到的纸碳"[30]。所有的这些尝试都在一个被人工抽成真空的球形玻璃管中进行，可是没有任何一件材料制造出的灯泡可以点亮超过15分钟。

问题丛生

即便是爱迪生也需要休息。他和巴彻勒没能找到适合制造足以进行商业推广的灯丝的材料，于是他把精力投入到了别的需要他关注的技术挑战上。

爱迪生意识到白炽灯所需要的材料必须同时具备电阻大和散热面积小的特点，而且灯泡还必须可以并行工作，这样每只灯泡都可以独立点亮或熄灭而不影响其他灯泡[31]。

这些都是明摆着的挑战，也是其他人未能成功造出白炽灯的重要原因[32]。"关键的一点是要生产出头发丝一样细的碳丝来做灯丝，它能够承受机械冲击，又可以在超过 2000 摄氏度的高温下工作至少 1000 小时而不熔断"[33]。此外，灯丝还需要放置于真空管中，这样空气中的微粒才不会瓦解灯丝，才能让灯泡有上千小时的"完美表现"[34]。除了上述这些，还要求制造成本要低，能实现批量生产。

爱迪生有着特有的自信，他认为只有他能"在经过大量耐心细致的工作"后解决这些难题。当然，巴彻勒的帮助也是必不可少的[35]。

在轮番使用了铂铱合金与炭化纸做的灯丝后，爱迪生决定最大限度提高真空程度以延长白炽时间。他还改进了玻璃灯泡的质量[36]。1879 年 10 月 21 日，爱迪生取得了重大突破。他将棉花做成的缝纫线炭化后弯成一个圈或马蹄形，放入真空灯泡中密封好，它居然可以被点亮，并持续发出明亮的光芒长达 40 小时！"瞧啊！实用的白炽灯终于诞生了！"[37]

那个灯丝如何

爱迪生欣喜若狂，他早已习惯于此了。他向媒体宣布了这项伟大的发现。

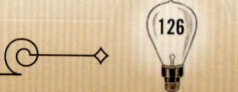

第六章 改良电灯泡

1879年12月21日《纽约先驱报》(New York Herald)发表了一篇文章对此进行大张旗鼓的吹捧。爱迪生急忙安排演示,以吸引公众的注意。"实验室被25只电灯泡照得异常明亮,办公室和会计室装了8只,另外20只灯泡分布在通往仓库的道路旁以及毗邻的房间里。"[38] 很快,前来一探究竟的人就排成了长长的队伍,大家都伸长脖子看着。在新年前夜,"宾夕法尼亚州铁路局甚至运行了一趟前往门洛帕克的专列,有超过3000人获得了宝贵的机会,亲眼见证了这场演示"[39]。

尽管慕名前来的人群拥挤不堪,但爱迪生的工作远未结束,距离他对理想灯泡的设想还有相当一段距离,因此人们又一次开始认为爱迪生可能只是说的比做的更好罢了[40]。棉花缝纫线灯丝确实是个突破,但是40小时的工作时间与生产一只灯泡所需的成本不对等。

爱迪生把参观者打发走之后,又安排妥生产企业,然后巴彻勒及实验室里的其他人便开始疯狂地寻找更好的灯丝材料。阿普顿后来记录了巴彻勒对新照明系统的研发工作,这是一项未被承认的贡献:"作为一名优秀的技工,巴彻勒是首屈一指的,'他的双手的操作能力是那样的让人不可思议,眼神又是那样犀利。巴彻勒先生的判断力和敏感度也是出类拔萃的'。[41]"巴彻勒"既灵巧又谨慎","在屡受挫折后还不厌其烦地将一条脆弱的灯丝完好无缺地封入那水晶棺材,让它发出我们从未见过的光芒"[42]。

所以在巴彻勒的率领下,爱迪生的团队将"可以握在手中的一切自然物体"进行炭化,包括"轻柔纸、各种等级的绘画纸、浸透焦油的纸、各种细线、钓鱼线、油烟灯芯线,或是由细线编成的一股细绳、浸泡在沸腾焦油里的棉花、蜡烛芯、麻线,还有焦油/油烟和石灰的混合物、硫化纤维、电影胶片、黄杨木、椰子壳、云杉木、山胡桃木、大叶桃花心木、杉木、枫木刨花、紫檀木、白千层、软木、编织袋、亚麻,以及许许多多其他东西"[43]。尝试远不止这些,他还深入研究了各种草、茎及其

上图:查尔斯·巴彻勒在爱迪生发明的第一只灯泡下阅读。
第128和129页图:爱迪生的电灯在1889年的巴黎展览会上展示。

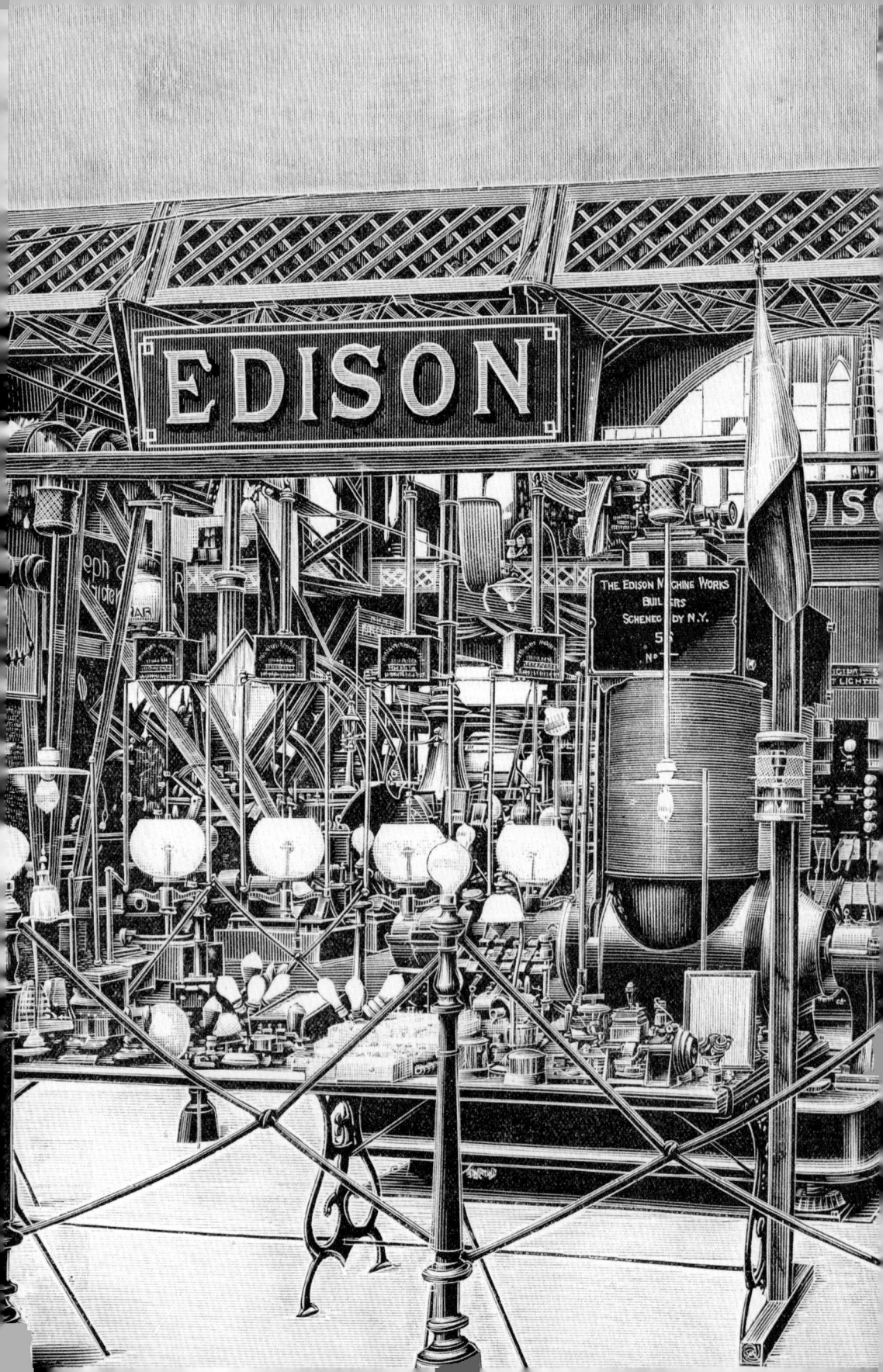

他植物。总的来说,爱迪生"试验了不下6000株各式各样的植物",所有的尝试只是为了寻找更好的灯丝材料[44]。

试验过程可以概括为"屡战屡败、凡物必测"。突然有一次,爱迪生注意到了一把竹丝镶边的芭蕉扇。爱迪生让助手切下一根竹条,将其炭化,然后放到灯泡装置里进行测试,结果"远远好于他使用过的任何其他材料"[45]。竹子有着"长而均匀的纤维,可以制作坚固耐用、持续燃烧的灯丝"[46]。爱迪生终于为他的电灯泡找到了理想的灯丝材料。

围绕竹子做文章

爱迪生面临的下一个挑战就是获取大量的竹子。但并不是任何竹子都能用来充当灯丝,进一步的试验表明有些种类的竹子比其他种类明显表现更好。于是,他开始在全世界范围内寻找能够提供这些种类竹子的供应商。大家都知道,爱迪生会在实验室里存放每一种他能想到的、有朝一日可能会派上用场的材料。他从其他植物试验的经验中得知,植物的质量很大程度上取决于生长环境。所以当他想获取竹子的时候,他就决定派专人前往更遥远的国度[47]。

第一个要讲讲威廉·摩尔(William H. Moore),他于1880年夏天离开纽约坐船前往中国和日本,这两个国家是最可能有大量不同种类的竹子的[48]。具有冒险精神的摩尔深入到最偏僻的地方,游走于丛林之中。他将收集到的竹子逐一进行了研究,"分别选了生长1年、2年、3年、4年、5年的竹子,取出茎中的纤维,测试相关数据"[49]。"大包小包的样品"被寄回去让爱迪生做进一步的更细致的测试,后来爱迪生决定使用产自日本的一种特定的竹子作为他灯泡里的灯丝。他把自己的需要转达给摩尔,摩尔找到当地的一位农民,将他种植的竹子运回美国[50]。幸运的是,这位日本农民擅长植物杂交,他的竹子还经过了"不断改良",爱迪生也因此在灯泡中使用他的竹子长达数年之久。

但是爱迪生的工作并未就此结束。到目前为止他只获得了一种可靠的灯丝材料来源,这似乎并不能让他满意,于是他继续研究其他可能的材料。有一个名叫约翰·塞格里多耳(John Segredor)的人被派往佛罗里达州的沼泽,他写信回来说"在这里很有可能会被蛇咬伤,这项工作特别特别有趣"。不过

第六章 改良电灯泡

他很快就会发现蛇的问题根本不值一提；一个月之后，他在古巴因染上黄热病而不幸身亡。爱迪生发电报给古巴的联系人："用我的钱将其好生安葬。"[51]

爱迪生派出植物学家约翰·布劳纳（John C. Brauner）帮助摩尔继续在中国和日本收集竹子。1880年12月，布劳纳曾被派往巴西研究棕榈植物、纤维植物、草本植物、根茎植物，看到底哪一种最符合爱迪生的要求。布劳纳或依靠独木舟或步行在亚马孙雨林及巴西南部穿行了约3200千米。数吨重的植物样品被运送回门洛帕克，每一种材料都会被作为潜在的灯丝接受测试。尽管布劳纳尽其所能收集了一切可能的植物，但是他送回的材料没有一件比日本的竹子更好。爱迪生派专家从牙买加和古巴采集回来的样品也得出了相同的结论[52]。

这几年，爱迪生不得不与这些来自日本的竹子生活在一起，总的来说它们是有效果的，但是终究还是没能让他完全满意，他仍在不停地寻找其他材料。1887年，他又一次派人到巴西[53]。弗兰克·麦高恩（Frank McGowan）和汉宁顿（C. F. Hanington）都是爱迪生公司的老员工了，他们于9月离开纽约，来到亚马孙河，逆流而上3700千米来到伊基托斯（Iquitos），随后分头行动。汉宁顿决定往回走。他搭乘蒸汽机船顺着亚马孙河前往乌拉圭，再沿拉普拉塔河（Rio de la Plata）逆流而行，穿越阿根廷和巴拉圭，回到巴西南部边界。他沿途"收集了大量棕榈叶和草本植物的样品"[54]。

再看麦高恩那边，他经历了一趟非常刺激的旅行，如传说那样，那确实是一次冒险。同样依靠独木舟和步行，他向西穿越了秘鲁、厄瓜多尔和哥伦比亚。在与汉宁顿分别后，麦高恩耗时87天顺着纳波河前往基多（Quito），路上他还勇敢地对付了当地一些不太友好的原住民；然后他来到瓜亚基尔（Guayaquil），在那里他赶上了前往哥伦比亚的布埃纳文图拉（Buenaventura）的蒸汽机船；抵达后，他又徒步考察了哥伦比亚的考卡山谷（Cauca Valley）[55]。他长达15个月的艰苦跋涉后来成为制作影片的素材。1889年5月2日《太阳晚报》（*Evening Sun*）有这样的报道：

> 爱迪生急需生产白炽灯的材料，然而这种材料是如此珍贵，连大自然都吝啬地把它深藏于秘境之中。出于对这种神奇材料的追求，

第132和第133页图：爱迪生与发明弧光灯的查尔斯·布拉什（Charles F. Brush）联手。爱迪生脚踏新泽西，在哈得孙河上空身体前倾；布拉什则一脚站在布鲁克林，另一脚站在曼哈顿。

PUBLISHED BY CURRIER & IVES
NEW JERSEY

COPYRIGHT 1880
NEW YORK

THE ELEC

115 NASSAU ST. NEW YORK
BROOKLYN

IC LIGHT.

第六章　改良电灯泡

麦高恩先生勇敢地穿越亚马孙的荒野丛林，在一年的探索过程中他一直面临着疾病、野兽、爬行动物以及致命昆虫的袭扰。[56]

如果你觉得这些还不够刺激的话，他们还有如下补充：

就连神话或童话中那些驾着飞龙营救被俘女神的英雄们也无法与这些捍卫现代文明的勇敢无畏的人相媲美。忒修斯，或是齐格飞，抑或是其他童话里描写的骑士，恐怕也会对爱迪生的助手所取得的难以形容的伟大胜利感到羡慕和嫉妒。[57]

这次"光荣的"探险取得什么成果了吗？麦高恩发现了一种"神秘的竹子"并将其运回"奇才的实验室，在那里它们会经历一些令人惊奇的变化，然后用温和的光辉照亮我们舒适温馨的家"[58]。大功告成啦！

没过多久，麦高恩便消失了。在富尔顿街上他最喜欢的一家法国餐厅里，麦高恩与朋友们讲述了一晚上他的诸多奇遇，他计划把这些故事写下来，觉得说不定以后会用得上。然后他向朋友们道别，就此便消失了。他的突然失踪始终是个谜。这个意外事件让爱迪生陷入困境，他起初耐心地等待麦高恩带着竹子回家，结果却是麦高恩不辞而别，不知道去了什么地方。面对这种窘境，爱迪生想到了詹姆斯·利卡尔顿（James Ricalton），他是一所学校的校长，也是狂热的旅行家。利卡尔顿回忆起爱迪生说的话："我曾经派了一个人到南美洲寻找我要的东西。后来他说找到了，却不知道是在哪里找到的，所以这么说来，他可能根本就不曾找到过。"[59]

利卡尔顿被派往亚洲，他的任务仍是寻找合适的竹子，至少与麦高恩提供的样品有相同的效能和质量。利卡尔顿说他会尽可能节省开支，爱迪生很信任他，提供了一份信用贷款供他使用，另外又预备了一份以防万一[60]。利卡尔顿先坐船到英格兰，再通过苏伊士运河来到锡兰（现更名为斯里兰卡），"这个美丽的岛屿就是水手辛巴达第六次航行到达的地方，历史上被生动地称为'大英殖民地上最耀眼的明珠'"[61]。

在锡兰，利卡尔顿发现了一种直径约30厘米、高达45米的巨型竹子，后来他在缅甸再次发现了它。经过测试，它被认为是质量最好的灯丝材料，这是他这次行程中重要的胜利果实。不过利卡尔顿并没有停滞不前。从锡兰

对页图：詹姆斯·利卡尔顿利用一座单索桥渡过水流湍急的吉拉姆河（Jehlum River）。

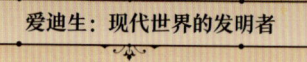

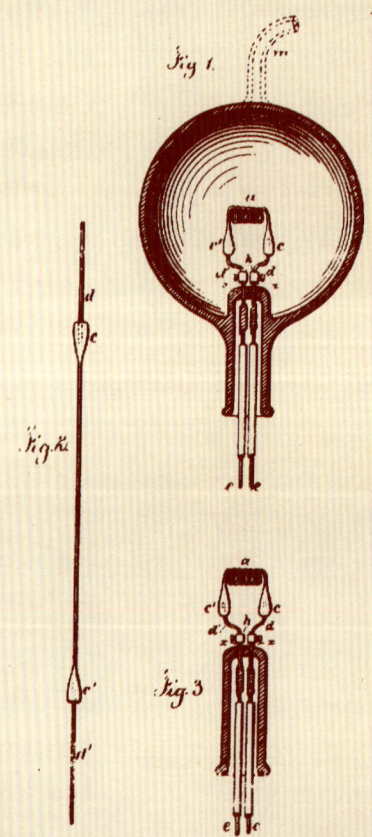

第六章 改良电灯泡

出发,他又去往印度,步履稳健地向北走,穿越广袤的大地,沿途对竹子以及其他一些植物进行测试。到达喜马拉雅山山脚后,他原路返回到达加尔各答(Calcutta),从那里再坐船经缅甸到达马来半岛(包括今天的泰国和马来西亚)。到此为止,他还是非常高兴的,因为他已经找到了爱迪生所需要的上等竹子,于是他启程返回,沿途在中国、日本的很多地方短暂停留,这也是为了确保没有遗漏好东西[62]。

利卡尔顿用整整一年的时间完成了环球旅行,他在"一年后的同一月、同一日、同一小时、同一分钟"回到美国的新泽西州。利卡尔顿在梅普尔伍德的一所学校附近登岸,迎接他的是热情欢呼的人群,那一刻,他从敬慕他的老师和学生那里体会到了巨大的成功,实现了自我。利卡尔顿立刻前往西奥兰治与爱迪生会面,而后者在利卡尔顿完成环球考察刚一回来就发来"问候":"你找到了吗?"

爱迪生对自己的漠不关心令利卡尔顿深受打击,同时他还了解到就在他海外探险过程中,爱迪生已经"成功制造出令人满意且符合要求的人工碳"[63]。利卡尔顿和其他人历经多年时间满世界寻找的竹子终究还是没有用了。不过这次伟大冒险的意义不容抹杀,利卡尔顿依然能够保持微笑。

灯泡诞生

在助手们满世界寻找竹子的时候爱迪生也没闲着,这些年他始终在寻找天然纤维。在经过无数次的试验后,他使用人工复合材料发明了所谓的"会喷射"的灯丝,不过接下来的10年里,数以百万计的灯泡依旧在使用竹子做的灯丝,因为生产灯泡的工厂不愿为此更换设备。20世纪初期,大多数灯泡都转为使用以钽和钨为基础材料的灯丝。而其他一些改变,比如玻璃灯泡里充入混合气体而不是真空,则是很后面的事情了。到现在为止,爱迪生的灯泡算是已经基本成形了。

不过爱迪生自己可没有收手。万事俱备,只欠东风,灯泡还需要好的电源来使之白炽化。于是爱迪生给自己定下一个任务,要建立完整的电灯系统,包括发电、传输装置,以及接入办公场所和千家万户的线路。这肯定不是一件容易的事,但如果做成了,毫无疑问爱迪生必将成为那个时代最伟大的发明家。实际情况是,这一想法确实引发了电流大战。

第七章
电流大战

尽管实际上新的灯泡还不是很理想,但是与其相关的消息已经被捅到各路媒体了。为此,爱迪生和他的团队忙于创造一套能够为灯泡提供电能的新系统[1]。这回可不是小打小闹。爱迪生的功绩就在于他会"构思和实践所有细节,为世界带来全新的工艺品"[2]。为一间小型实验室里的几只灯泡提供足够的电能只是小事一桩,不过随后就要考虑给一个街区供电,甚至为整座城市供电——"完完全全令人惊叹的一番大事业"[3]。

第一步是要使用发电机产生电能。发电机产生的直流电(direct current)简称DC[4]——约瑟夫·亨利(Joseph Henry)、迈克尔·法拉第(Michael Faraday)等人[5]最早发现,铜、铁等导体在穿过磁铁两极之间的区域时会产生直流电[6]。这种直流发电机的电枢线圈中感应产生的是交变电动势,无法驱动电动机,为此需要增加一个换向器,配合电刷的换向作用,将交变电动势转换成直流电动势。这种直流电动机的功率很低,于是爱迪生又带领实验室同事踏上了改进电动机的道路[7]。巴彻勒、克鲁奇和阿普顿都参与其中,他们制作和测试了各种可能的组合[8]。像往常一样,他们尝试了许多改进方案,包括不同形式的铁及其他金属,将电动机与电弧、电阻相连,缠上多匝线圈(将导线螺旋缠绕在电枢上)[9]。

电动机上的这些改进措施体现了爱迪生"激进的本性",他也因此被卷入了为实现全球电气化梦想而必须打赢的3场战争中[10]。

对页图:19世纪印有爱迪生肖像的香烟卡。
第140和第141页图:托马斯·罗兰森(Thomas Rowlandson)创作的幽默漫画,描绘了1807年人们对伦敦街头安装煤气灯的反应。

第七章 电流大战

第一场战争：直流电 vs. 煤气

此时，爱迪生已经装备上全新的电动机和寿命更长的白炽灯，做好了从实验室走出来，进入真实世界的准备。然而他所面临的第一个问题就是煤气灯已经登上历史的舞台，正在为住宅和工厂提供照明[11]。在19世纪，煤气灯已经成为建筑内的标准配置，大部分城市的地下都铺设了煤气管道。到19世纪末，煤气灯已经进入多数家庭，为人们所习惯。然而煤气有着显而易见的缺陷。首先，它的生产过程相对复杂，需要从炭化的可燃物中提取，主要是煤炭，也可以从木头或石油中提取。其次，加热这些材料时，通常会产生混合了氢气、甲烷、一氧化碳、乙烯等多种化学物质的烟雾。根据来源的不同，混合物中可能还包括硫、氨以及较重的碳氢化合物，而这些都要通过净化程序处理掉。后来，就在爱迪生开始研究电气化的可能性之后，从得克萨斯州的天然气田到俄克拉何马州的管道就已经开始向东部和北部城市输送更为纯净的煤气了。最后则是天然气取代了工业煤气。

对爱迪生来说，比较"幸运"的是，有时候煤气灯会引发火灾，将建筑物夷为平地；有时候还会引发爆炸，瞬间摧毁建筑[12]。煤气还会"悄悄地污染地表、水井、蓄水池，从你看不见的运输管道中泄漏出来"[13]。即使一些煤气设施按照设计的那样正常工作，它们也会在壁纸和天花板上残留下一些烃类化合物[14]。显然需要改进的地方还有不少，因此爱迪生会炮轰煤气公司。

1882年爱迪生电灯公司正式宣布成立，随后公司马不停蹄地展开了对煤气灯的攻势。每一次"煤气引发的财产损失和人员伤亡"都会被爱迪生电灯公司拿来做文章，写入公司公告中[15]。公告中提到了一些案例，如一名男子被发现死在旅馆的房间中，一个年轻女孩在床上被发现时已经没有了生命迹象，煤气爆炸震碎了办公楼的玻璃窗，此外还有许多其他由煤气泄漏所引发的可怕事故[16]。爱迪生坚定地认为，电灯不仅更安全，而且更清洁，不会在墙上和家具上留下黑漆漆的残渣。

与此同时，爱迪生也不得不关注设计成本，以及安装包括电线、电灯和开关在内的一整套新系统所需要的成本，这么做的目的就是为了打败低价位

对页图：位于纽约市第五大道65号的爱迪生电灯公司总部。

的煤气灯[17]。"他撒出去一支拉票大军，在珍珠街（the Pearl Street）区域挨家挨户地访问，记录常规家庭的用气数量和花费"[18]。最终，他成功说服了这座城市的人们，而几位关键的决策者也给了他一个表现的机会。

第二场战争：直流电 vs. 弧光灯

从某种程度上讲，另一场战争在直流电和弧光灯之间展开，形式相对更为简单。正当爱迪生在公告中大书特书煤气的危险性和电的安全性时，他却轻易地忽略了来自现实的打击，即有时候人们在操作过程中会遭遇触电。下面介绍一个著名的事件，一位来访者在位于布法罗（Buffalo）的布拉什电灯公司（Brush Electric Light Company）弧光灯生产工厂参观时，抓住了悬挂于空中的两条电线，瞬间应声倒地身亡[19]。致命的触电事件虽说比较罕见，但其通常会登上报纸的头版位置。一家英国报纸做出这样的点评："电学怪物现在要回去找养育他的魔法师了"[20]（借用了小说《弗兰肯斯坦》的情节——译者注）。这都是弧光灯惹的祸。

对爱迪生来说这些事故确实很让人头疼，因为害人的电击并非来自他的直流电系统，但问题是公众根本搞不清楚他创造的直流电系统和已经存在的交流电弧光灯系统存在着哪些差异[21]。直流电也并非绝对安全，因为曾发生过一个奇怪的悲剧，一匹倒霉的马在经过"泄漏的"直流电存在的区域附近时被击晕[22]。爱迪生的员工不仅要为自己的系统辩护，而且还要为竞争对手辩护。

然而直到最后爱迪生才发现，他的电灯照明系统并没有与弧光灯正面竞争。弧光灯是第一种投入实际应用的电气化照明系统，它产生的光线要比大多数室内照明都明亮。布拉什电灯公司向一些公司销售其室内照明系统，但是遇到了"设备短缺、容量受限"的障碍[23]。它们不能满足市场需求，只能有限地用于一些大型工业化工厂和街道，而有些功能要求是爱迪生的白炽灯还没有达到的[24]。爱迪生的白炽灯是装在真空管中的，使用导体做的灯丝，而不是在两段导线的豁口处产生电火花，这要比弧光灯好得多，更适合家庭和大多数办公室使用[25]。最终，通过充分发挥白炽灯的优势，在取代家用煤

对页图：托马斯·罗兰森于1830年创作的漫画，描绘了煤气灯的危险性。

气灯的这场战争中，爱迪生算是战胜了弧光灯。

建立电气王国

在美国和欧洲，爱迪生的直流发电站形成了大规模垄断的局面。发电站主要有两种不同的形式：一是家庭、办公室、轮船中的独立发电机；另一种是为城市的某个街区供电的中央电站，也就是我们今天所说的变电站。

爱迪生研制的第一台专用发电机被安装在由投资商和新闻记者亨利·维拉德（Henry Villard）新建造的蒸汽机船"哥伦比亚"号（S.S. Columbia）上[26]。相比于市场预期爱迪生无法兑现理想灯泡的承诺，从而导致爱迪生电灯公司的股价曾几乎在一夜之间从4000美元暴跌至500美元[27]，那么现在他应该感到高兴，因为自己的发电机能安置在一个比较隐蔽的环境中进行测试[28]。这艘船还有一个优点，其本身就拥有一台蒸汽机，而且它正需要这样一套直流电力与照明系统。

1884年，爱迪生在当时最先进的"俄勒冈"号（S. S. Oregon）邮轮上安装了一整套直流电力与照明系统。他想派一名新员工去船上做测试，这个人的名字叫尼古拉·特斯拉（Nikola Tesla）[29]。后来，由于两台发电机先后出现故障，邮轮只能在港口趴窝，爱迪生不得不派出好几个人前去修复，但运气不佳，没能修好。爱迪生顿感绝望，所以当特斯拉来到爱迪生的办公室后，

顶图：哈罗德·布朗在西奥兰治实验室电击一匹马致其身亡，以此展示交流电的杀伤力。
上图："哥伦比亚"号。

第七章 电流大战

爱迪生的雇员、最终的对手尼古拉·特斯拉。

爱迪生派他即刻前往码头。特斯拉渴望得到爱迪生的赏识，于是他抄起必备的工具，当晚就来到船上。"发电机的情况很糟糕，"特斯拉后来写道，"有好几处短路和损坏了。"事不宜迟，特斯拉把握住主动权，请船员们帮他一同修理，到了黎明时分就"成功地将它们恢复原貌了"[30]。

爱迪生因而对特斯拉印象深刻，随即聘用他负责维修美国国内的直流电力与照明系统的工作，也派他去欧洲进行过维修（有一次爆炸事故非常著名，德国皇帝威廉一世险些在事故中丧命）[31]。

其他一些独立的直流电力与照明系统也陆陆续续被安装到位。在电灯推向公众的最初几个月里，爱迪生的公司所接收到的直流电力与照明系统订单的数量已经超过了公司的生产能力[32]。每个人都希望在自己家中、办公室内、工厂里装上电灯。到了 1883 年年初，爱迪生已经卖出 330 套系统，灯泡更是多达 64000 只[33]。他不仅依靠生产和安装系统挣钱，而且还通过提供专业的技术服务、保障复杂的系统平稳运行获取收益。多数专用的发电设备被安装到更大的设施中，比如"商业公司、工业企业、酒店和剧院"[34]。

有一部分极为富有的实业家也向爱迪生购买了系统。爱迪生收到的第一个私人定制的家庭直流电力与照明系统的订单来自于威廉·亨利·范德比尔特（William Henry Vanderbilt），他从父亲科尼利尔斯·范德比尔特将军（Commodore Cornelius Vanderbilt）手里继承了一大笔财富后在铁路行业中再次发家致富。他渴望拥有自己的一套直流电力与照明系统，这样他就可以在一帮有钱的精英中拥有谈资。爱迪生遂了他的心愿，答应在其位于第五大道上的大厦中搭建直流电力与照明系统。系统接通后，刚开始一切正常，然而过了几分钟，"编织着金属丝的精美墙纸上出现了熏黑的痕迹"[35]。闷闷不乐的范德比尔特夫人下令拆除整个系统，并且随之而来的是爱迪生最不愿意看到的负面消息。

不过，有一个人并不会因为他人的"不幸"而产生动摇。金融家、实业家约翰·皮尔庞特·摩根（J. P. Morgan）为自己在纽约的豪宅订购了一套直流电力与照明系统。他是非常自我的一个人，但这种特质并不影响他保持

威廉·亨利·范德比尔特的画室。

谨慎，他坚持要求把发电机安装在新挖出来的地窖里。地窖与主要的几幢大楼之间保持着相同的距离，用砖砌成的隧道将该系统与住宅连接在一起。摩根还专门聘用了一名全职工程师来维护系统[36]。"发电机的位置距离住宅更远也有利于降低系统运行时所产生的噪声和难闻气味的影响"。不过，他的邻居布朗一家并没有感受到幸福。布朗夫人一直抱怨自己家里的银器都被熏黑了，还有冬天总有一群流浪猫坐在温暖的管道上，整夜整夜地"号叫"[37]。摩根并没有理睬她，他对爱迪生很满意。不过这种快乐的日子也不会永远持续下去。

正当独立发电机组风靡一时之际，爱迪生却在想办法改变其形式，最好不要让人们在后期才去安装它们。他认为最好的策略就是建设一座中央电站，通过地下线网向整个城市的街区输送直流电。他租用了一栋赤褐色的沙石建筑，又把玛丽和他们的小儿子送到纽约去，这样他就可以腾出手专注于自己下一个伟大的金点子[38]。当时爱迪生的公司还在出售独立发电机组，而爱迪生已经在下曼哈顿区建起了珍珠街中央电站。

珍珠街中央电站是位于纽约的第一批中央电站之一，服务于"由曼哈顿东河海滨、华尔街、云杉街、渡船街和纳苏街围成的约2.6平方千米"的范围[39]。第一个电站坐落于此一点也不令人意外，因为它非常靠近纽约的几家主要的报社和金融机构，这样爱迪生就能迅速获得所需的宣传资源与融资渠道。在跨

约翰·皮尔庞特·摩根。

第七章 电流大战

越了几道官僚主义的羁绊,又应付了几个走过场的检查员后,爱迪生随即安排工人铺设了超过 24 千米长的地下电网,连接着中央电站与这一街区内的几百座建筑[40]。4 个大型锅炉和 6 台巨型发电机可产生 600 多千瓦的电能。到 1884 年春,珍珠街中央电站已经向 500 座建筑供电了[41]。

工人正沿珍珠街铺设电缆,摄于 1882 年。

在令曼哈顿实现电气化的同时,爱迪生还在欧洲开设新的工厂。1881 年,他派查尔斯·巴彻勒将当时最大的发电机带到巴黎参加首届电气博览会。"这台机器可以点亮 200 只白炽灯,把发动机算在里面的话总重达 27 吨……当时,也包括此后很长一段时间里,这台机器被称为科学世界的第八大奇迹。[42]"该系统获得了巨大的成功,爱迪生在意大利、荷兰、比利时都开办了公司,还有建在巴黎塞纳河畔伊夫里(Ivry-sur-Seine)的工厂,也就是年轻的特斯拉在大西洋彼岸工作过的地方[43]。第一台"巨无霸"发电机被送去了巴黎,而第二、第三台"巨无霸"被运往伦敦。1882 年年初爱迪生的同事在高架路附近建起了中央车站,里面装了 3000 只灯泡[44]。

到 1884 年为止,爱迪生的直流电力与照明系统已经征服了美国和欧洲。他正按计划行走在消灭被作为标准光源的煤气灯的道路上,同时还成功地减少了工厂和街道对弧光灯的应用。随着珍珠街 2.6 平方千米范围内的电能供应得到解决,爱迪生开始计划向曼哈顿的其他地方扩张。

第三场战争:直流电 vs. 交流电

这是最后一场战争,也是爱迪生必须打赢的一场战争。弧光灯照明基于

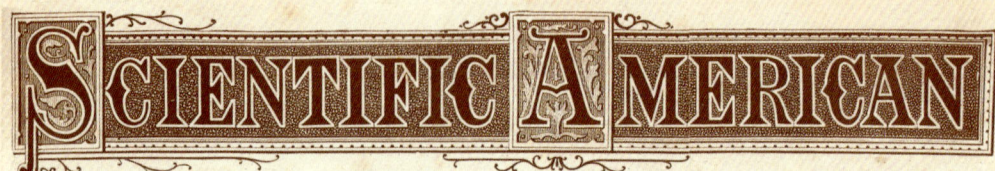

SCIENTIFIC AMERICAN

[Entered at the Post Office of New York, N.Y., as Second Class Matter.]

A WEEKLY JOURNAL OF PRACTICAL INFORMATION, ART, SCIENCE, MECHANICS, CHEMISTRY AND MANUFACTURES.

Vol. XLVII.—No. 9. [NEW SERIES.]   NEW YORK, AUGUST 26, 1882.   [$3.20 per Annum. [POSTAGE PREPAID.]

THE EDISON ELECTRIC LIGHTING STATION.

On Pearl street, near Fulton, under the shadow of the Third Avenue Elevated Railroad, and but a minute's walk from Fulton Ferry, is an iron front building, originally put up for commercial purposes, but which for a year or more has been in process of preparation for a central electric lighting station under the Edison system. The beginning of this great work was indicated by the laying of underground conductors around every block in that portion of the city bounded on the east by the East River, on the west by Nassau street, on the north by Spruce and Ferry streets and Peck Slip, and on the south by Wall street. This district includes 946 consumers, whose premises are already wired. The number of lamps to be used in connection with these wires is 14,311. From the basement of the building referred to radiate large semicylindrical copper conductors, insulated from each other and arranged in pairs, each pair

[Continued on page 130.]

THE REGULATOR.

TEST BATTERY OF 1,000 LAMPS.

THE DYNAMO ROOM.

FIRST EDISON ELECTRIC LIGHTING STATION IN NEW YORK.

第七章 电流大战

交流电（AC）系统，它不同于爱迪生的直流电（DC）系统；爱迪生刚把这套交流电系统甩到一边，它就变成另一种形式继续萦绕在他头上——尼古拉·特斯拉开发的多相交流系统。

特斯拉是塞尔维亚的工程师，在来到位于巴黎的欧洲大陆爱迪生公司以前曾辗转于奥地利、现在的捷克、斯洛伐克，以及匈牙利[45]。在布达佩斯时，他就渴望用一种方式解决直流电中的一个大问题，他研制出了火花整流子。特斯拉每天要工作18～20小时，这点倒是和爱迪生很像，这种习惯有时候让他陷入严重的疲劳状态。有这样一段小插曲，一天他正穿行在市区的一个公园，嘴里还背诵着歌德的经典诗作《浮士德》，后来他突然停下脚步："有个想法突然在脑海中闪现，就像一道闪电，让我一瞬间豁然开朗。我从路边拾起一根棍子在沙子上画草图……我发现图像异常清晰明了。"[46]

特斯拉研制的交流电动机。

特斯拉想到的是，旋转的磁场可以作为他的交流电动机，这样就可以避免交流电被直流电取代的尴尬。不过他真正得到机会造出这样一台电动机又是好多年以后的事了——他在斯特拉斯堡帮爱迪生修理直流电力与照明系统时（也就是险些杀死德国皇帝的那次事故造成的故障）才做出了原型机[47]。

1884年，无名小卒特斯拉来到纽约城，彼时的爱迪生已经名声大噪，并且他的公司在纽约及其他城市的供电方面开始呈现垄断势头。特斯拉在爱迪生手下干活那会儿，不断更新和改进直流电力与照明系统。他也屡次尝试说服爱迪生，使其相信经过改良的交流电仍有用武之地，比如他那台尚未得到确认的旋转磁场感应电动机，不过爱迪生没有采纳。爱迪生已经认定了交流电不是可行的电源，况且他早已把大量资金投在了生产直流电的基础设施上了。终于，特斯拉受够了，他选择了离开。

与此同时，爱迪生的直流电版图还在往其他城市、其他州不断扩张，毫

对页图：《科学美国人》的封面，描绘了新建的珍珠街中央电站。

无竞争对手。1882 年，乔治·威斯汀豪斯（George Westinghouse）——因发明火车气动闸而闻名遐迩的发明家——买下了竞争对手菲利浦·迪尔（Philip Diehl）的感应灯专利权，这件事迫使爱迪生降低了他人使用其专利的门槛，当然也不得不降低灯的价格（还有利润）。再加上来自其他公司，比如汤姆森－休斯顿（Thomson-Houston）电气公司的压力，爱迪生必须把产品的价格控制在比较合理的范围。无处不在的专利权诉讼案也让每个人都忙于保护自己的生意。

爱迪生显然是这个领域的领先者，但这种情况即将改变。威斯汀豪斯在 1886 年成立了自己的电气公司，1888 年特斯拉也终于研制出完善的交流感应电动机以及相关的变压器。这使得工业发生了颠覆性的变革。威斯汀豪斯购买了特斯拉产品的专利权，并聘请特斯拉将这些专利产品整合到自己的系统中。电流大战正式打响了[48]。

电流大战打响

爱迪生没有轻易退让。他展开了公关活动，继续谴责交流电对公众来说太过危险。他有一个观点，交流电会将电压提升到难以置信的高度，相反，直流电可以将电压控制在一个相对较低的水平[49]。爱迪生还专门印制了一本小册子——《来自爱迪生电灯公司的警告》，告诉人们交流电是不安全的[50]。他还（并不符实地）告诉供应商，威斯汀豪斯侵犯了爱迪生电灯公司的专利权，基于此，信赖这种即将被淘汰的技术（指交流电）显然是不明智的。工程学会的会员对此展开了辩论，尽管有时候控诉与反控诉更多是出于个人情感而非专业技术，大家其实都是在为自己的将来"拼命搏杀"[51]。

交流电与直流电之间的这场电流大战可谓血腥！虽说并不多见，但确实也发生过几次裸露的电线掉落到街道上引发的惨剧[52]。其中有一次的场景让人感到毛骨悚然，正当电气修理工约翰·菲克斯（John Feeks）爬上电线杆处理废弃的电线时，突然间他发现一条通着电的电线掉落到一捆电线中了，他在上面"进退维谷足有 45 分钟"[53]。正当下方的人们屏气凝神驻足观望的时候，一道亮光从菲克斯身上闪过。记者们争先恐后地从事发现场飞奔到

对页图：表现维修工约翰·菲克斯触电死亡场景的恐怖图片。

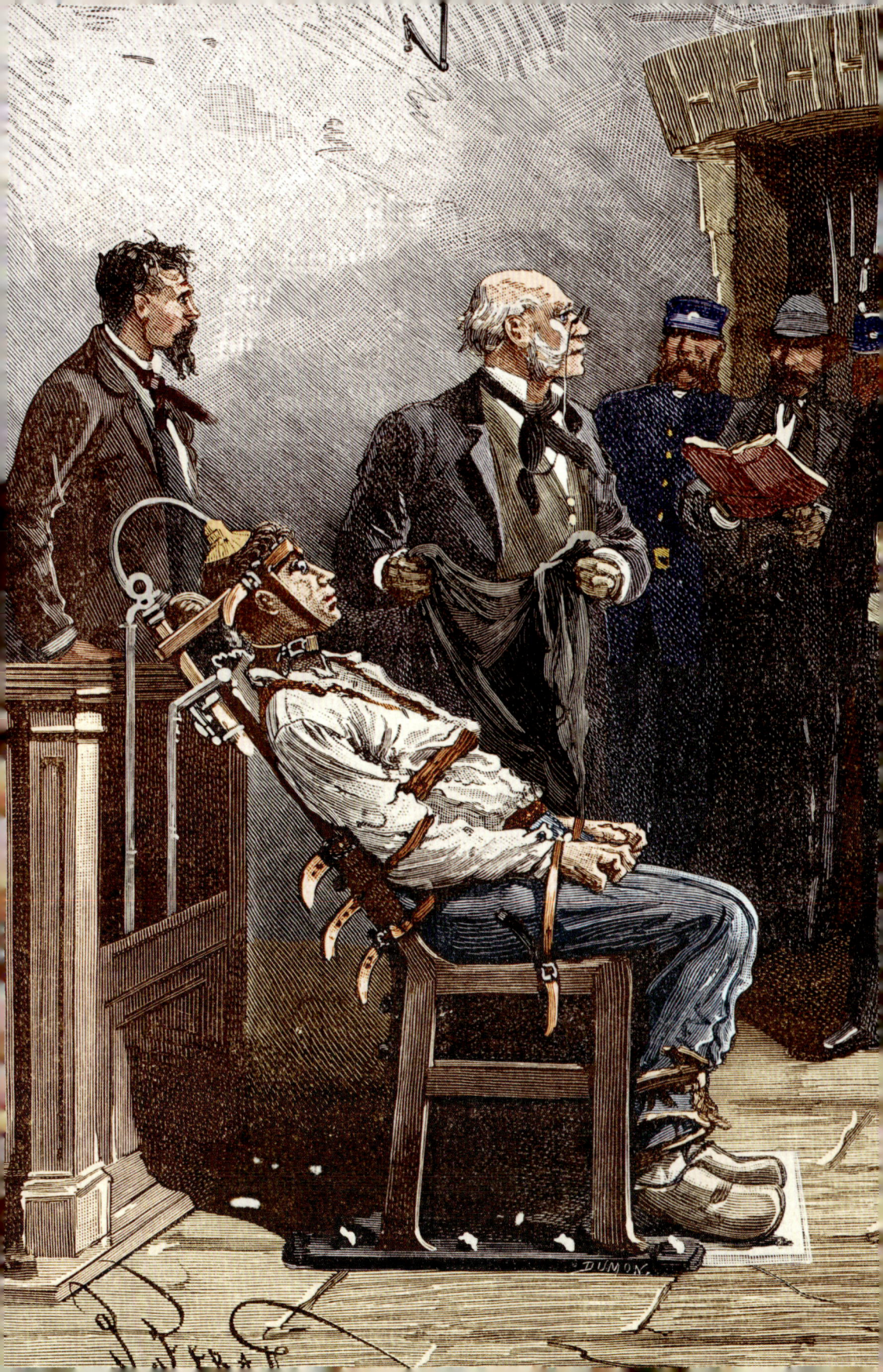

第七章 电流大战

爱迪生那里索取他写的关于交流电危害的材料,然而事实上爱迪生当时根本不知道那条电线中流的是别人家的交流电还是自己家的直流电。

爱迪生还积极地四处游说,希望使用电椅对犯人执行死刑,取代原来的绞刑或服用过量药物的形式[54]。他认为电椅能体现更多的人性化,因为犯人会死得更快、更"整洁干净"。更为重要的是,执行死刑的电椅必须用交流电,这等于极大地支持了爱迪生关于"交流电对人非常危险"的观点。国会发起了对相关技术的评估,一些议员对此持怀疑态度,直到爱迪生寄去了一份支撑材料。一位议员说:"在看了他的材料之后,我确定没有什么疑虑了。"随后,一项建议获得通过[55]。然而爱迪生也并不走运,当然,对第一个接受这种死刑的谋杀犯威廉·克穆勒(William Kemmler)来说也同样不走运,因为死刑过程并不顺利。当在场的人推断克穆勒已经被电死的时候,他却突然痛苦地大哭起来,行刑人员只能赶忙将电椅的功率旋钮调至最大,并持续了足足2分钟,以至于"一股烧焦的臭味"弥漫着整个房间[56]。

爱迪生允许电气工程师哈罗德·皮特尼·布朗(Harold Pitney Brown)使用他的实验室开展一系列试验[57]。布朗花了点钱让邻居家的男孩抓来一些流浪狗,他在爱迪生的实验室里使用威斯汀豪斯支持和应用的交流电在狗身上做试验。随后他给媒体写了一封信,对"恶劣的"交流电的危险性大书特书[58]。为了彻底地诋毁他的主要竞争对手,爱迪生甚至将触电称为"被威斯汀豪斯了"。

最终落败

决定这场电流大战输赢的关键因素在于两个事件。1893年上演的一场竞赛将决定谁来为在芝加哥举办的哥伦比亚世博会提供照明。长达6个月的博览会将向全世界的人们展现一些新技术。通用电气公司和威斯汀豪斯电气公司(采用特斯拉的交流电技术)都参与了竞标。竞标过程是残酷的,爱迪生和威斯汀豪斯都故意压低价格,试图获得这份美差,其他竞争对手很快就被淘汰了。威斯汀豪斯电气公司最后获得了胜利,特斯拉的多相交流电系统把整个世博园点亮[59]。

对页图:1890年,威廉·克穆勒成为史上第一个通过电椅执行死刑的犯人。
下页图:1893年哥伦比亚世博会场地布置图。

Cable Address "Edison, New York."

From the Laboratory of Thomas A. Edison,
Orange, N.J.

(No Model.)   T. A. EDISON.   2 Sheets—Sheet 1.
Regulating the Generation of Electric Currents.
No. 239,374.   Patented March 29, 1881.

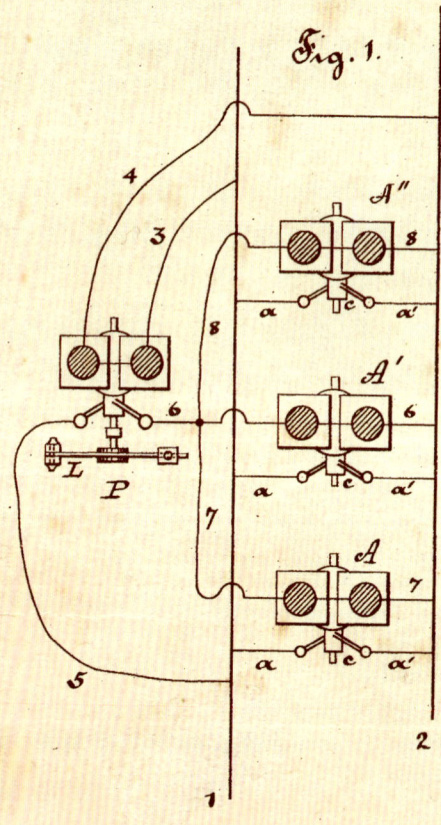
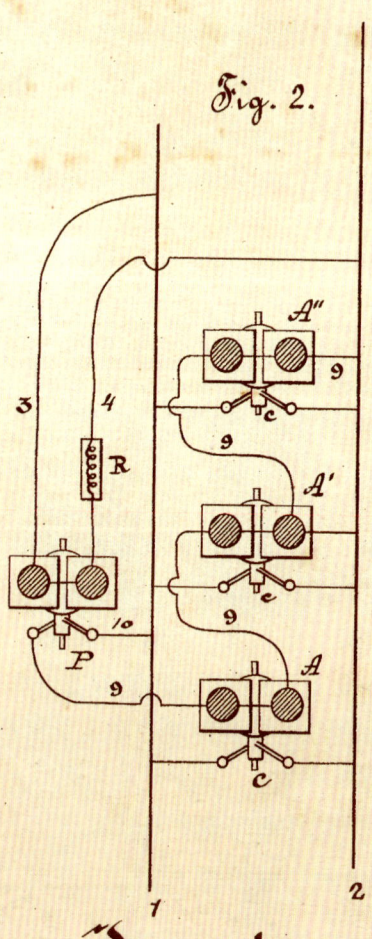

Attest:
O. D. Mott.
M. J. Hagelt.

Inventor:
Thos. A. Edison

第七章 电流大战

结果可以用"惊艳"二字来形容。环绕着中央水池有一排水泥粉饰的建筑,被称为"白色之城"。事实上这个昵称还有一层含义,因为多达92000只户外白炽灯环绕着建筑,勾勒出了其闪耀夺目的轮廓,这些灯将地面照亮了整整6个月[60]。将室内照明算在内的话,整个世博会总共需要25万只改进后的索亚-曼氏(Sawyer-Mann)白炽灯。这是由于爱迪生拒绝批准竞争对手使用他的长寿命灯泡,威斯汀豪斯火速生产出来的一种颇具竞争力的灯泡。然而爱迪生也并没有完全被排除在世博会外,因为他仍可以在晶莹剔透的建筑里展示他的多项发明,包括一座极为威严的"爱迪生光明塔"[61]。

由于在哥伦比亚世博会上交流电大获成功,威斯汀豪斯和特斯拉随即又击败爱迪生获得了与尼亚加拉瀑布有关的一份重要订单。尼亚加拉河自伊利湖流注安大略湖,57米的落差让尼亚加拉瀑布成为北美洲最为壮观的一道瀑布。相对于从高处坠落而下的水流的巨大利用价值,工程师对它的开发却极为有限。直到有一天,由原爱迪生电力委员会成员爱德华·迪恩·亚当斯(Edward Dean Adams)发起成立的卡特拉克特建筑公司(Cataract Construction Company)基于特斯拉的12项专利制造出新的发电机。特斯拉的多相交流发电机组将爱迪生的直流发电机彻底击溃。不过爱迪生拿下了铺设尼亚加拉瀑布与布法罗之间30多千米电线的合同。

很明显,这些挫折迫使爱迪生将注意力从生产电力与照明系统的业务中移开,类似的情况在1892年也发生过,当时与摩根的竞争迫使爱迪生将自己的爱迪生电灯公司与汤姆森-休斯顿电气公司合并成新的通用电气公司(General Electric Company)[62]。虽然爱迪生对自己的遭遇有些愤愤不平,但很快他就将精力转移到其他工作中,包括铁矿的开采,以及电影放映机的研发。爱迪生或将成为电影界的大亨,虽然他本人并不情愿。

第八章
爱迪生与摄影机

1911年，电影胶片已经是爱迪生最赚钱的产品之一了，至少暂时是[1]。电影胶片的想法来源于照相术[2]。1888年10月8日，在专利申请书的附注中，爱迪生用第一人称写道："留声机是为耳朵创造的，我正在试验的一种设备则是为眼睛设计的，它能够记录下运动的事物并重现之。[3]"

没想到爱迪生遇到的第一个问题竟是缺乏兴趣。当时他和同事们正全身心地投入自己"无与伦比的"留声机中，并陷入与贝尔的格拉福风留声机的鏖战，以将维克多公司和哥伦比亚留声机公司挤出家用留声机市场。与此同时，他还在打一场电流大战，他的公司不仅为曼哈顿通上了电，而且还在布局海外业务。随后，爱迪生又涉足铁矿行业。因此他确实没有时间投入到电影中，他甚至不知道电影市场到底有多大。

他采用过去多次取得了成功的做法，先安排了一位开路先锋：威廉·迪克森（William K. L. Dickson）。他是爱迪生铁矿开采项目中的助手，也是一位资深摄影师[4]。

出生于法国（却是苏格兰和美国血统）的迪克森是个天生的表演家，这项工作太适合他了。更重要的是，在西奥兰治的实验室里，他已经树立起一个可靠工人的形象，他参与过电力单元的测试，管理过冶金实验室，还担任过实验室的官方摄影师[5]。

对页图：爱迪生正操作着他发明的摄影机，这台设备他希望留为己用。
右图：爱迪生在电影放映机方面的主要合作者威廉·迪克森。

移动的照片

和大多数发明一样,即便是别人已经开始研制摄影机,到了爱迪生那儿也总会得到发展。1889 年 6 月,威廉·弗里斯-格林(William Friese-Greene)在英格兰申请了一个摄影机的专利[6]。两个月之后,英国人沃兹沃思·多尼索普(Wordsworth Donisthorpe)也独立发明了摄影机。在英格兰工作的法国人路易斯·艾梅·奥古斯汀·雷·普林斯(Louis Aimé Augustin Le Prince)则于 1888 年发明了一款多镜头的摄影机[7]。乐王子(雷·普林斯的昵称——译者注)还使用单镜头的摄影机和相纸胶片制作了两个运动的图像序列;拍摄了一部每秒 12 帧的电影《朗德海花园场景》(Roundhay Garden Scene),时长为 2.11 秒。后来一部奇特的回忆录式的电影叙述了一个离奇的故事:就在乐王子准备动身前往美国展示他的新发明前,他本人以及随身的行李都从移动着的火车里消失了[8]。

这些早期的发明家并没有充足的财力延续他们的研发工作,但是爱迪生有啊!爱迪生实验室做出的第一版产品便"极富野心"[9],因为这台设备试图将留声机录制的声音与摄影机拍摄的底片实现同步。"数以千计的微型照片"与常用的照相机相结合,被一片一片整齐地安装在留声机滚筒上。一旦滚筒开始滚动播放声音,图片也能完美地同步放映[10]。原理很简单,可是实现起来没那么简单。滚筒的曲率扭曲了图像,让人们几乎无法分辨。研发人员将照片的尺寸放大到 6.35 毫米,并在滚筒上使用了感光乳剂也没有解决问题。尽管如此,爱迪生还是制作出了一系列短片(每段长几秒),并将它们命名为《恶作剧》(Monkeyshines)[11]。总之,使用滚筒来做摄影机的想法后来被抛弃了。

另一个英国人埃德沃德·迈布里奇(Eadweard Muybridge)也涉足

第八章 爱迪生与摄影机

了这一领域[12]。迈布里奇是一位摄影师,早在19世纪70年代就开始拍摄一组连续的照片来研究动物的运动[13]。其中一个系列是对一匹全速前进的马拍摄了12张连续的照片,他希望通过这种方式来确定马在奔跑的时候是不是会四脚同时离地(事实上确实会)。最终,他通过使用多台相机高速接连拍照实现了这一心愿[14]。

迈布里奇还发明了走马灯。其中,一个旋转的玻璃滚轮和一个开有沟槽的碟片用来播放一组照片,每一张照片都比前一张稍微前进一些[15];随着轮子的转动,照片看上去就动起来了。1888年2月,名震一时的迈布里奇手捧着这个小装置前往美国拜访爱迪生[16]。正如当年爱迪生拜访华莱士一样,这次会面让爱迪生对他下一步要做的事情有了更深入的理解。几个月后爱迪生才不情愿地承认了这次会面,然而到了10月份,他突然向专利局提交了一份说明:"一套电影拍摄系统:一个可以用来记录照片的装置,一个可以用来观看的装置,一套可以将照片和声音合并在一起同时让人们体验的装置。[17]"

艾蒂安-朱尔·马雷(Étienne-Jules Marey)是另一位对爱迪生产生重要影响的人。马雷在法国的科多尔地区长大,后来学医并对科学实验摄影非常感兴趣,他被尊称为记时摄影(或连贯动作摄影)之父。1882年马雷发明了连续摄影枪——一台"面目可憎"却能以每秒20帧的速度拍摄图像的设备。它的工作原理是:一个圆盘带着一长条底片快速转动,所有12张连续而静止的照片就被记录在底片上了[18]。他还设计过"一台可以在1秒的时间里拍出60张照片的相机,底片由一个凸轮拖动,能快速地旋转,并在顷刻间停止,在这一过程中光线浸染到底片上,连贯动作就这样被抓拍下

对页及本页上图:奔跑的马,这是从埃德沃德·迈布里奇的电影《运动中的动物》(*Animals in Motion*)中选取的一组画面。

艾蒂安-朱尔·马雷和他的连续摄影枪。

来"[19]。在参加1889年巴黎世博会期间爱迪生找到了马雷。

博览会上最具吸引力的东西无疑是那座以设计者亚历山大·古斯塔夫·埃菲尔（Alexandre Gustave Eiffel）的名字命名的铁塔。世博会期间爱迪生就在埃菲尔铁塔上招待各路富豪及名流。但真正令爱迪生产生兴趣的是马雷的连续摄影枪。马雷更关注技术方面的研发工作，不太注意发明物的市场价值，他也非常高兴能向爱迪生展示自己的设备和相关工作[20]。他甚至还送给爱迪生一本自己写的书，提供了一些自己发明的设备的技术细节[21]。虽说有了新的思路，但是由于缺乏大量的时间，于是爱迪生把马雷提供的资料转给了迪克森，让他试着去做点什么[22]。

电影放映机崭露头角

虽说填写专利说明的是爱迪生，但在背后默默无闻工作的是迪克森。他们所设想的装置不仅要显示动态图像，而且还必须"通过某种形式变得便宜、实用和方便，我把这种设备称为'运动场景'放映机"[23]（kinetoscope，这个名字来源于希腊语 kinesis，意为运动）。他们是这样描述的：一个银质的、涂油感光乳剂的留声机滚筒上设有点位，42000张大约0.8毫米宽的摄影底片螺旋状地缠绕在滚筒上，人们可通过从显微镜上拆下来的双筒目镜观察并将底片固定到位。这个用于视觉观赏的滚筒与紧邻的留声机同步，它们使用同一个摇柄，因此可以同步播放"音轨"[24]。然而同步滚筒的想法完全无法付诸实践，不过话说回来，这也充分体现出爱迪生的工作思路——在已有的产品上开发，从来不会轻易放弃。

但是最终他还是放弃了这个方案。迪克森找到了一种可以将数千张底片按任意所需时间长度缠绕起来的方法。通常照片是在玻璃负片上制作的，这

第八章 爱迪生与摄影机

对拍摄动态图像来说过于昂贵[25]。有一种或许可行的方式是采用胶片——用硝化纤维素制作出来的塑料，英国摄影师约翰·卡尔巴特（John Carbutt）曾经成功地运用过[26]。另一种有希望的方法是采用胶卷，乔治·伊士曼曾将摄影底片套上外壳，装到一台廉价的柯达相机里[27]。

迪克森同时对这两样东西进行试验。爱迪生拜访马雷后填写了新的专利说明，描述了一种"感光胶卷"，它可以从"卷筒的这一端走到另一端"。随后就如当初的留声机项目一样，电影放映机项目也被搁置了——大概只有一年——在此期间爱迪生又让迪克森参与他的采矿生意。最后爱迪生允许迪克森回到放映机项目，还安排威廉·海斯（William Heise）来助他一臂之力[28]。

海斯有之前印字电报机的研发经验，他把电报机的设计思路应用到相机中胶卷的机械移动装置上；迪克森则专注于研究相机的光学部分和胶卷的化学与物理性能[29]。就这样，他们共同研发放映机的两个组成部分：拍摄电影部分和播放电影部分。

到 1891 年春天，两个人设计出一款可以拍摄移动影像的相机，被他们称为电影摄影机[30]。他们为其选用的底片是大约 19 毫米宽且打孔的条状胶片，摄影机采用水平进给的方式来曝光底片。"快门和擒纵机构"可以让摄影机控制底片在传送过程中"轻微地暂停"，只要足够底片曝光就行[31]。迪克森和海斯的技术已经达到了惊人的速度："1 秒曝光 46 张影像，即 1 分钟 2760 帧，或 1 小时 16.56 万帧。"[32] 他们制作了几部短片，"包括一位实验室工人拿着烟斗抽烟，还有一位工人舞动一对印第安棒的场景"[33]。

在开发出合适的摄影场景制作动态图像后，他们需要再想出一种观看的方式。答案就在一个类似留声机的木盒子当中，他们称之为电影放映机[34]。盒子大约 10 厘米高、50 厘米见方[35]，里面有"一只灯泡、一台电动机、一条装在由滚筒和皮带组成的装置上的大约 15 米长的正片胶卷"[36]。观影者要屈身伏在盒子上，通过一个目镜观看胶片以每秒 46 帧的速度"嗖嗖嗖"地掠过。

太神奇了！第一部影片时长 20 秒或更短，主要表现的场景是迪克森翻弄他的帽子或一个铁匠在敲击锤子[37]。不过，这只是一个开始，迪克森继续努力完善电影摄影机和电影放映机。然而，爱迪生却不认为这东西有多大的市场："这项发明不会有任何特别的商业价值"[38]，顶多就是情感上的价值，是一种"新奇玩意儿"[39]。与此同时，爱迪生似乎认识到在未来可能出现一种具有很强吸引力的新媒体形式，原本不得不去剧场里才能体验到的演员的

表演和场景,或许可以出现在自己家的墙上[40]。他显得有些犹豫,不过他仍然安排人员将电影放映机带到芝加哥世博会上进行展示。离展会还有好几年,所以他有充足的时间对设备进行优化,至少他是这样考虑的。于是,他指派机械师詹姆斯·伊根(James Egan)生产了25台移动电影放映机[41]。

创建首个电影工厂

第一部实验性的电影在西奥兰治实验室里开拍,但是当时电影的制作已经变得越来越专业,爱迪生需要一个专业的工厂来制作影片。1892年12月,爱迪生在4号建筑的后方建造了一座新的建筑,他后来回忆说,"这是个可怕的建议,好比让一个无畏的无知者勇敢地面对一种神秘的仪式"[42]。这座建筑的内外都涂上了黑色的沥青,后来被起了一个绰号"黑色玛利亚"(Black Maria),这是一种四轮囚车的别称[43]。它看上去和马雷的"谷仓工作室"很像,这并不是巧合,因为爱迪生曾在1889年参观过[44]。

"囚车"里的迪克森有时候会宣扬:"它并没有服从建筑规律,没有使用传统材料,也没有使用被公众广泛接受的迷人色彩。"同时他也承认,"囚车""有着怪诞的类似航船的模样"[45]。

"囚车"是一座"长15.2米、宽5.5米、高6.4米的木屋,有一个斜坡屋顶"[46]。它还有两个独特之处。首先是屋顶,"一半的屋顶可以通过预设的绳索、滑轮和配重像吊桥一样抬升或降低,避免阳光直接照射到机器(也就是电影摄影机)前的空间[47]"。尽管配备了电力系统,但是必要的阳光仍被允许进入工

对页图:5秒长的《弗雷德·奥特的喷嚏》(*Fred Ott's Sneeze*),1894年在爱迪生的"黑色玛利亚"(又名"囚车")中拍摄,这是第一部具有版权的影片。
上图:爱迪生于1894年拍摄的短片《拳击猫》(*Boxing Cats*)中的场景。
第166和第167页图:"囚车"电影工作室。

第八章　爱迪生与摄影机

作室；爱迪生的白炽灯对拍摄电影来说还不算亮，而弧光灯的光线太过粗糙。对灯光的需要使"囚车"具备了第二个奇怪的特色：整座建筑"骑"在"一个石墨支点上，允许员工在一条木道上转动屋子"。随着白天太阳在天空中划出一道弧线，他们只要简单地转动屋子，就能对准阳光的角度[48]。在晚年时爱迪生曾非常希望这座小屋能"像暴风中的帆船一样转动"[49]。

爱迪生把迪克森从电影业务调到其他项目之后，电影放映机前进的步伐就显得有些磕磕绊绊了。没有了迪克森，詹姆斯·伊根无法快速应对技术问题，仅仅完成了 20 份左右的订单，这种情况一直持续到爱迪生把电影放映机推向世博会一年后[50]。这算得上是继错失了乔治·威斯汀豪斯、尼古拉·特斯拉这两块发光的金子后，爱迪生失去的又一良机[51]。

不过，最终迪克森还是回到了本该属于他的工作岗位上，他主持完成了摄影机的研发工作，随后转向了电影制作技术的研发。如同留声机一样，爱迪生要求电影必须同样注重较高的艺术性，就像是在大都会歌剧院里看演出一样[52]。迪克森的第一部电影《萨多》（意为"强壮的男人"）的内容是，一个男人在摄影机前摆出各种姿势展现他的肌肉，后来这个男人意外地被爱迪生的公司招进来担任助理，不久又被扫地出门。比较遗憾的是，他的动作做得太快了，不足以被摄影机捕捉，而这个不被赏识的助理居然还拒绝重新拍摄[53]。

人们还在"囚车"里制作过其他影片，其中一部拍摄于 1894 年 1 月时长 5 秒总共 45 帧的电影，官方名称叫"爱迪生摄影机记录下的一个喷嚏"（Edison's Kinetoscopic Record of a Sneeze），不过人们记得更牢的是它非官方的名称"弗雷德·奥特的喷嚏"（Fred Ott's Sneeze）。还有两部电影《锻造场景》（Blacksmith Scene）和《钉马掌》（Horse Shoeing），故事平淡无奇，时长达 30 秒，但是里面充斥着吵闹的敲击声[54]。为了让故事内容更生动活泼一些，他们还拍了《卡门西塔》（Carmencita），这部 21 秒时长的电影表现了一个拥有灵活舞步和旋转技巧的西班牙歌舞演员的形象。还有一部更为暴力的影片——《斗鸡》——可能会让动物保护组织感到不开心，该片表现了两只公鸡搏斗的画面，而一旁的赌徒正在鞭笞它们。

当然拍摄的影片不止这些。有的影片很无厘头，例如正在打架的猫猫狗狗[55]；有的很性感，如安娜贝尔·惠特福德（Annabelle Whitford）的

对页图：早期爱迪生所拍摄电影中的明星尤金·桑多（Eugene Sandow）正准备把某人扔出门外。

《蝴蝶舞》(Butterfly Dance)[56]。绝大多数电影都很短,不过迪克森他们也开始拍摄拳击比赛。比较长的比赛影片有着很大的市场需求,迪克森拍摄了一部"6局制拳击比赛,比赛双方是前世界冠军詹姆斯·科贝特(James J. Corbett)和来自新泽西州特伦顿(Trenton)的重量级拳击手彼得·康特尼(Peter Courtney)"。科贝特被许诺可以获得总盘5000美元中的4750美元,但是要求必须在第6局击倒康特尼(不能早也不能晚,目的是让利润最大化)。结果当第6局刚开始时,科贝特果然一拳将康特尼击倒在台上,他不仅赢得了比赛,而且获得了一大笔奖金[57]。

这种新的媒体形式果然抢走了公众的注意力。一些大腕都去工作室进行现场拍摄,比如水牛比尔(Buffalo Bill)带去了《狂野西部》(Wild West)的一批明星,包括印第安原住舞者,以及步枪射击专家安妮·奥克利(Annie Oakley)等[58]。1894年,迪克森及其团队在"囚车"里共拍摄了75部电影,这一年可以被称为电影制作元年[59]。

创立电影院

电影制作行业之所以发展迅猛主要归功于众人的远见卓识,然而爱迪生除外,他一如既往地会被其他一些事务分心。与现在我们熟悉的电影院不同,第一座电影院并没有很多剧场,它更多地体现在个性化和私密性上[60]。由于电影放映机的技术与研制经验很大程度上来源于留声机,因此电影也在一个盒子里播放,观众必须俯身通过一个小孔才能观看。1894年4月,第一台基于这种技术的电影放映机诞生了。

最先建起这种一流剧场的并不是爱迪生。阿尔弗雷德·泰特(Alfred Tate)是爱迪生的同事,也是他手下最厉害的推销员之一,他与两个兄弟

用早期的电影放映机看电影并不总是舒适的体验。

第八章 爱迪生与摄影机

签了一份合同,在曼哈顿赫勒尔德广场附近的百老汇的一个旧鞋店里安装了10台放映机[61]。这些机器上配置了投币槽,顾客支付25美分最多可以欣赏5部短片[62]。市场的反应比他们预料的好得多,甚至他们还没做好准备对公众开放,店外街道上就已经吸引来了大批好奇的顾客。"脸贴在玻璃上都被压扁了,就为了一饱眼福。"

泰特看着那些伸长脖子的围观人群说:"为什么不叫他们请我们吃晚餐呢?"他想到了距离店铺一个街区的德尔莫尼克餐厅里的多汁牛排。

"伯特,"泰特说道,"你负责看管机器,我来卖票。伦巴德,你站在门口负责迎宾。我们只要卖到6点钟,然后就有钱吃晚饭啦。"

"(我们)都认为那一定是个大笑话,但最后发现,我们自己才是笑话。"几年后,泰特回忆起这件事时说道。事实上,根本不是他们说好的6点钟晚餐时间到时结束,而是持续到凌晨1点多他们才得以关门歇业,并且获得了意想不到的120美元的收入。在经过一个晚上的忍饥挨饿后,泰特及其同事终于可以去"一家通宵营业的餐厅享受美味的烤龙虾了"。[63]

随后,旧金山、大西洋城、波士顿、华盛顿,甚至是伦敦,都出现了更多的电影放映室。放映机业务给爱迪生带来了极为可观的利润,第一年放映机和电影所创造的价值就达到了177847美元(相当于今天的491万美元)[64]。然而,这些新玩意儿最初的魅力很快就褪去了,第二年仅取得49896美元的销售业绩[65]。爱迪生试图扭转局面,他将电影放映机和留声机结合起来——

右图:位于加利福尼亚州旧金山市的一家电影放映机营业厅,摄于1894年。

EDISON'S
THE VITASCO

COPYRIGHTED 1896 RAFF & GAMMON.

称之为"有声电影放映机"——观众在透过小盒子看电影的同时可以通过一个耳机听到影片的音轨。但是这东西并不受欢迎[66],他还必须再想想别的办法。

从独自欣赏到大众观影

除了缺乏有趣的电影内容之外,阻碍销售的重要原因之一便是同一时间只能一个人用一台机器观看一部电影。这种形式对最开始时制作的短片来说是很有效的,但是消费者对长片有着越来越强烈的渴望;电影制作技术的进步让这种渴望成为可能,但原来的那套做法就不管用了。看电影是一项社会活动——人们希望很多人一起看电影。为了实现大家的这一心愿,电影必须穿越整个房间进行投射,打在墙上的屏幕上。

爱迪生正在慢慢适应人们的口味。从留声机的滚筒到唱片,从直流电到交流电,爱迪生多少有些犹豫。他起初并没打算开发投影设备,因为这会立即淘汰他那已经很成熟的暗盒式放映机。但是随着放映机生意一天不如一天,最后他不得不承认必须转型。1895年威廉·迪克森决定离开爱迪生的公司自己创业,所做的业务与爱迪生形成竞争,爱迪生一时间还找不到可顶替他的人选。爱迪生在实验室里刚开始进行的几次试验没有成功,所以后来他有机会控制一项幻灯机(投影机)专利产品时便将其果断拿下。这种

"万花筒"被认为是第一台真正的电影放映机。

第八章 爱迪生与摄影机

电影《亚伯拉罕·林肯的一生》（1915年拍摄）中林肯与道格拉斯辩论的场景。

投影机叫"万花筒"（Phantascope），于1895年由弗朗西斯·詹金斯（C. Francis Jenkins）和托马斯·阿尔马特（Thomas Armat）发明[67]，他们在生产资金上遇到一些困难，于是不得不在名驰天下的爱迪生名下销售他们的产品[68]。该投影机被更名为"维太放映机"（Vitascope），1896年春正式投放市场[69]，但是纵然是爱迪生的巨大影响力也无法将其成功推向市场。在遭遇了惨淡经营后，爱迪生终于在次年推出了自己的投影机[70]。

爱迪生还开发了便携式的电影摄影机，它们可以被带出去拍摄纽约城周边及其他地方的景色（过去的摄影机非常大，只能摆在摄影棚里）[71]。他拍摄了中央公园里的喷泉，拍摄了宾夕法尼亚州的斯克兰顿（Scranton）的游行队伍，拍摄了科尼岛的娱乐活动，还拍摄了威廉·麦金莱总统（President William McKinley）在华盛顿的就职典礼[72]。爱迪生还在尼亚加拉瀑布边拍摄了宏伟的水流，话说当年特斯拉和威斯汀豪斯曾成功利用瀑布发电从而打败了他（数年以后麦金莱总统也是在那里遭到暗杀）[73]。

第176和第177页图：约瑟夫·开普勒（Joseph Keppler）在纽约幽默杂志《小精灵》（Puck）中通过绘画讽刺爱迪生与华尔街的关系。

"Now, gentlemen, I will show you the Great Inv

爱迪生很快进行了更多的改进,他将公司的电影业务搬出"囚车",转移到位于曼哈顿东二十一街一座建筑的楼顶上的工作室中[74]。7年后他又在布朗克斯建起一座更大的工作室。公众强烈渴望欣赏更长更有趣的电影,而爱迪生的家庭投影式电影放映机只是满足了人们对好电影的渴望[75]。为了进一步满足人们的需求,爱迪生及其员工经过努力,最后成了电影大亨。

爱迪生仍然想把重点放在兼具教育性和文艺性的电影上,但是大众喜欢看一些动作电影,例如《大闹堪萨斯沙龙的女人》(Kansas Saloon Smashers)、《恐怖泰迪:灰熊王》(Terrible Teddy, the Grizzly King)(一部恶搞美国副总统西奥多·罗斯福"狩猎战功"的短片)[76]。有一部动作电影表现的是消防队员从一个熊熊燃烧的房间中救出一对母子,另外还有一个场景是"警铃响起,消防队员们从滑杆上滑下来,将马匹套上消防车,冲向火场"[77]。

爱迪生的公司制作的最为知名的两部电影恐怕要属1903年的《火车大劫案》(The Great Train Robbery)和1915年的《亚伯拉罕·林肯的一生》(The Life of Abraham Lincoln)。《火车大劫案》是一部10分钟的短片,在韦斯顿(Western)的摄影棚及外景拍摄。它淋漓尽致地展现出早期电影制作

爱迪生的电影《火车大劫案》的最后一幕,歹徒直接将枪口对准摄影机开火。

第八章 爱迪生与摄影机

1903年的报纸广告，聚焦不幸的托普西。

过程中的许多创新手法，如多个相机角度、合成编辑，甚至为某些场景进行了手工染色。这部电影被认为"绝对是史上最佳电影"[78]。

《亚伯拉罕·林肯的一生》则是另一部无声电影（有配乐），展现了林肯生活中的精彩场面。随着电影的时长越来越长，后来爱迪生制作的电影已经可以撑满两盘胶卷了。《亚伯拉罕·林肯的一生》"从小木屋的场景一直讲述到林肯在华盛顿的福特剧院遇刺身亡"。电影的宣传单上写着："毫无保留地完整回顾林肯的一生"[79]。1909年，在纪念林肯诞辰100周年之际，沃纳梅克（Wanamaker）百货公司在下曼哈顿的一家大型门店放映了爱迪生制作的时长为10分钟的电影《蓝色还是灰色，1861年的男孩》（*The Blue and the Grey, or the Boys of '61*），并选用南北战争时期的战争歌曲作为背景音乐[80]。

爱迪生也参与了一部臭名昭著的电影的制作。1903年，科尼岛上的一座公园里的一头名为托普西（Topsy）的亚洲象突然变得难以驾驭，很大原因是它受到了饲养员的虐待。公园的老板决定用电刑让它安乐死。纽约爱

第180和第181页图：爱迪生布朗克斯电影工作室。

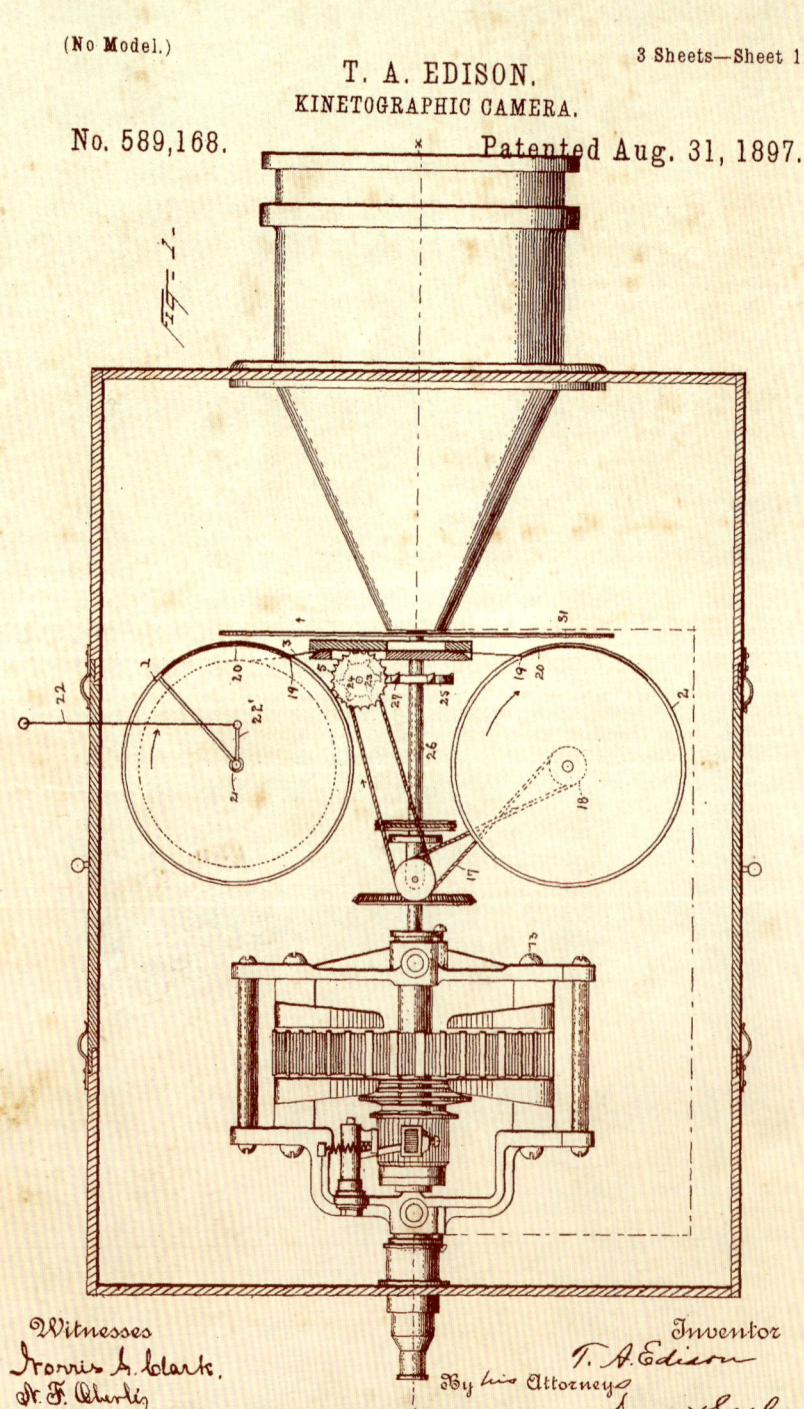

第八章 爱迪生与摄影机

在电影中小象托普西被电击。

迪生公司的电气工程师执行了电刑,而爱迪生电影公司的人则拍摄了这一过程。这部时间不长却充满争议的影片至今仍可以在网上看到。

到1911年,电影还是爱迪生最赚钱的经营业务之一,但1914年其公司的市场份额已经跌至区区8%。1915年后,虽然爱迪生的公司还在继续做电影,但是利润已经急剧下降并从此一蹶不振。迫于利润过低,而且人们的热情也渐渐消退,最终,爱迪生在1918年出售了他的所有拍摄设备和电影版权。他退出电影行业并不是因为该行业缺乏市场需求——很多人愿意为时间更长、制作更为精良的电影埋单——不过只能让别人去创造电影的王国了,电影的黄金时代即将开启[81]。

爱迪生也并没有掉队,他已经在准备下一次冒险了。

第九章
才华横溢

托马斯·爱迪生的发明和产业远比我们所了解的多,也比他发布出来的多。你可知道他还开创了研磨铁矿石的产业?你可知道他最早使用水泥建造房子?你可知道他为电动汽车和住宅制造了蓄电池?你可知道他还是个多产的作家,甚至创作了科幻小说?本章将介绍一些爱迪生不太知名的尝试。

研磨铁矿石

如果让你请人们列举一下托马斯·爱迪生有哪些发明或产业,恐怕几乎没有人会回答"研磨铁矿石",但是爱迪生一生中有将近10年的时间都倾注于此。塞缪尔·英萨尔曾说过爱迪生"实际上一直陶醉于这项事业"[1]。在当时,铁矿石的开采与研磨已有多年的历史,但如何从贫铁矿中提取铁一直是个难题。贫铁矿中有着较高含量的磷,会使得提取出来的铁变得更脆。大部分公司只能把那些贫铁矿丢弃在地下,转而到中西部寻找能产生更大利润的铁矿。但是爱迪生一辈子都喜欢挑战,他决定寻找一种有效提取铁的办法[2]。

他利用自己电气学和电报学方面的专业知识,基于电磁体的应用提出了一种新的提取方法[3]。一开始,他按照计划在长岛和罗德岛上进行尝试,不过都没有成功。1888年时,他在新泽西州开设了一家新公司。刚开始公司的运营并不太顺利,不过他还是在奥格登建起了一家矿石加工厂[4]。他准备研磨矿石了。

这一切并不容易。爱迪生遭遇了令其他人打退堂鼓的同样的问题。对许多客户来说,贫铁矿中磷的含量太高了。另外,辊式破碎机和分离器上留下了太多有价值的残留物,再加上管理上存在一些问题,矿石加工厂的生产效

对页图:位于新泽西州奥格登的爱迪生的矿石加工厂。

爱迪生：现代世界的发明者

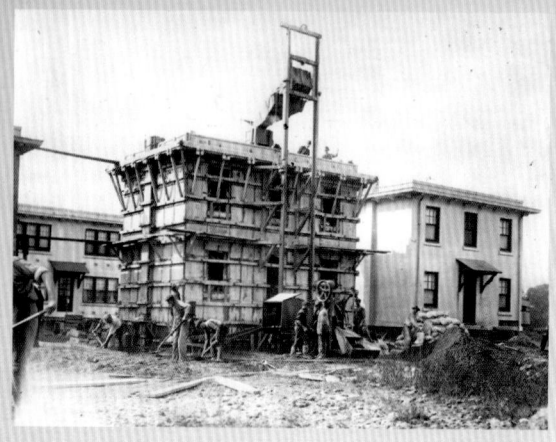

用爱迪生研制的水泥建的房子。

率低下，客户订单无法按时完成[5]。1891年夏天，爱迪生前往奥格登，希望"一揽子解决所有问题"。最终他发现工厂的设计不合理，于是决定拆掉重建，就这样最庞大且最复杂的铣削机床诞生了[6]。新机床取代了原来的辊式破碎机，蒸汽铲取代了20个人力，巨大的吊车来来回回运送着铁矿石和铁制品。所有这些改进措施提升了工厂的产量，但是从未间断的工程上的挑战要求爱迪生将其毕生所挣的钱全部投进去。1900年，他关闭了矿石加工厂[7]。

前往波特兰——生产水泥

爱迪生从贫铁矿开采工程系统的开发中获得了许多专业技能，这又促使他产生了开展新冒险的想法：他要做水泥了。波特兰水泥（开发者受到一座英国岛屿名字的启发而命名）是"一种由石灰石和特定比例的二氧化硅、氧化铝与氧化铁混合，并在高温的烧窑中烧制而成的混合物"[8]。波特兰水泥在组成上与天然水泥十分接近，这也让它更为经济。

爱迪生命弗朗西斯·阿普顿研究了水泥必要的物理特性和化学特性。1899年，就在关闭奥格登的工厂前一年，他创建了一家新的公司专门生产水泥。他买下了新泽西州一处比较合适的石灰石产地，随后给自己定下一个任务，要将24小时标准烧窑的水泥产量从250桶提升为1000桶[9]，破碎机的能力提升为每小时300吨[10]。工厂的周围排布着传送带用来运送水泥。工程上的难点和市场营销的问题是始终存在的挑战，而一场严重的爆炸事故致使生产设备不得不停止运行，不过爱迪生仍然能够继续生产水泥制品，将一袋袋水泥卖给建筑承包商。他发明的"长窑"（long kiln）成为最赚钱的设备；在他脱离这个产业很久以后——那时已经是20世纪20

年代了——"其他公司每生产一桶水泥他仍能收获一分钱"的专利费[11]。

爱迪生的公司生产的产品包括街道缘石、化粪池、花盆和其他传统产品。但是爱迪生还有更大胆的想法，他用水泥制作留声机

爱迪生研制的水泥留声机。

柜，还配上了地板、围栏和其他一些装饰物[12]。而他最雄心勃勃的计划是让承包商通过浇筑混凝土建造整栋房屋。只要将一些合适的模具在现场安装到位，这些房子就可以在短短12小时内建成[13]。

海军顾问委员会

爱迪生在政府与军方有些朋友，他们会定期向他讨教各种技术问题。虽然并没有真正成为战争贩子，但是爱迪生确实认识到战争的局面将随着科技的进步而改变。爱迪生也会附和他的竞争对手尼古拉·特斯拉，认为通过科技的力量同样也能实现和平，而后者提出的"死亡射线"之说后来深深刺激了第二次世界大战爆发前诸位将领们的耳朵（"死亡射线"是特斯拉设计的名为"Teleforce"的高能量定向大规模杀伤性武器，它可以通过自由空气的粒子发送集中光束，光束具有的巨大能量可以在数百千米外击毁上万架敌方的战机。但特斯拉本人是反战者，他宣称自己是为了和平而设计的——译者注）。随着第一次世界大战的到来，爱迪生指出"科学将使战争成为极为可怕的东西——可怕到难以想象。很快，我们甚至只要轻轻地按下一个按钮，成千上万的人就会纷纷倒地"[14]。

早在1915年，美国海军部长刚刚任命爱迪生为新成立的海军顾问委员会主任时，他就向军方以及领导人建议储备武器和船只，为可能的战争做准备[15]。他还建议军方组建一整套实验室的网络系统。海军实验室会以自己西奥兰治的实验室为蓝本进行建设，毫无疑问，这样就可以迅速开发出他们所需要的任何技术[16]。

海军实验室的建设花费了好几年的时间，直到1923年，它才终于在华

1920年12月6日，美国海军部长约瑟夫斯·丹尼尔斯（Josephus Daniels）为海军实验室的动工培土。

华盛顿正式投入运行，此时第一次世界大战已经结束5年了。实验室的建设经费被削减到很少，仅仅是爱迪生认为必不可少的数量，而军方也没有接受他的选址建议，把实验室建在了新泽西州的桑迪胡克（Sandy Hook）[17]。爱迪生和同事在西奥兰治附近的鹰岩山（Eagle Rock Mountain）建立了临时实验室，他们在那儿开展了大量的工作[18]。美国海军对委员会的建议几乎没有半点特殊关注，这一点让爱迪生很有挫败感（尼古拉·特斯拉也有类似的经历，他向委员会提交的建议从来没有以任何方式采用过）[19]。爱迪生并不赞成海军方面将关注的焦点放在那些受过学校教育的年轻科学家身上，不过实际上，他们提出的屈指可数的项目建议也没有真正用到战场上[20]。不过，海军实验室的创建终究使政府走上了一条正确的道路——更理想的科学研究与战争准备之路，因为海军方面对爱迪生完全信任[21]。

科学与科幻

令人惊讶的是，托马斯·爱迪生不仅有其他休闲活动和兴趣，而且还写过一部科幻小说，至少写了一部分[22]。他第一次真正的写作而非实验笔记可以追溯到很久以前，还是休伦港时期，在父母家的地下室做化学实验时他便有过尝试，那时候他还在大干线铁路上卖报纸呢。在火车行驶途中，或在等待返回时，爱迪生抽空独自编写和印刷了属于自己的报纸《大干线铁路先锋》周报[23]。学会这一技能后他就开始给《报务员》撰稿了[24]。

《报务员》是美国全国电信联盟创办的期刊。该联盟是一个在1863年美

第九章 才华横溢

国南北战争时期成立的机构,由爱迪生和他的同僚们,同样是在铁路上"流动"的报务员们一同发起成立。它的创立意图是:"面对短时间内以指数形式增长的报务员数量,试图让漂泊的较难控制的年轻人联合在一起,并为他们提供统一的指令"[25]。当时托马斯·爱迪生也只是一个十几岁的毛头小子,却已成为《报务员》最富创造力的撰稿人了[26]。由于爱迪生一直在不停地研究和记录科技的发展,所以他可以做到在一年内独立写作至少7篇文章,记载他最早的发现。就算他到西部联合公司工作,他也为公司的《电报杂志》供稿[27]。

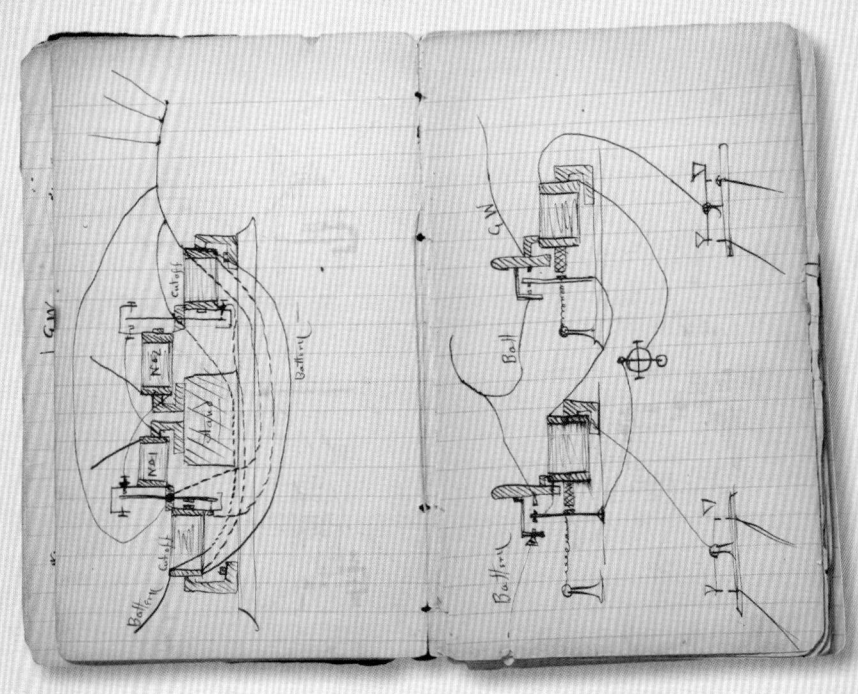

上图和第190~第193页图:爱迪生实验室中的笔记和信件。

诚然,这些都是技术性很高的作品,对圈外人而言肯定不是最赏心悦目的读物。或许比较有趣的是,在人生中有那么一段时间他保持了写个人日记的习惯。爱迪生的结发妻子玛丽去世后不久,在一次夏季聚会上,有人希望他写写日记。在提到他未来的年轻漂亮的妻子米娜时,爱迪生的文字中充满诗意,这对一个使用钢笔都可以卖弄技术的人来说算得上不可思议了。

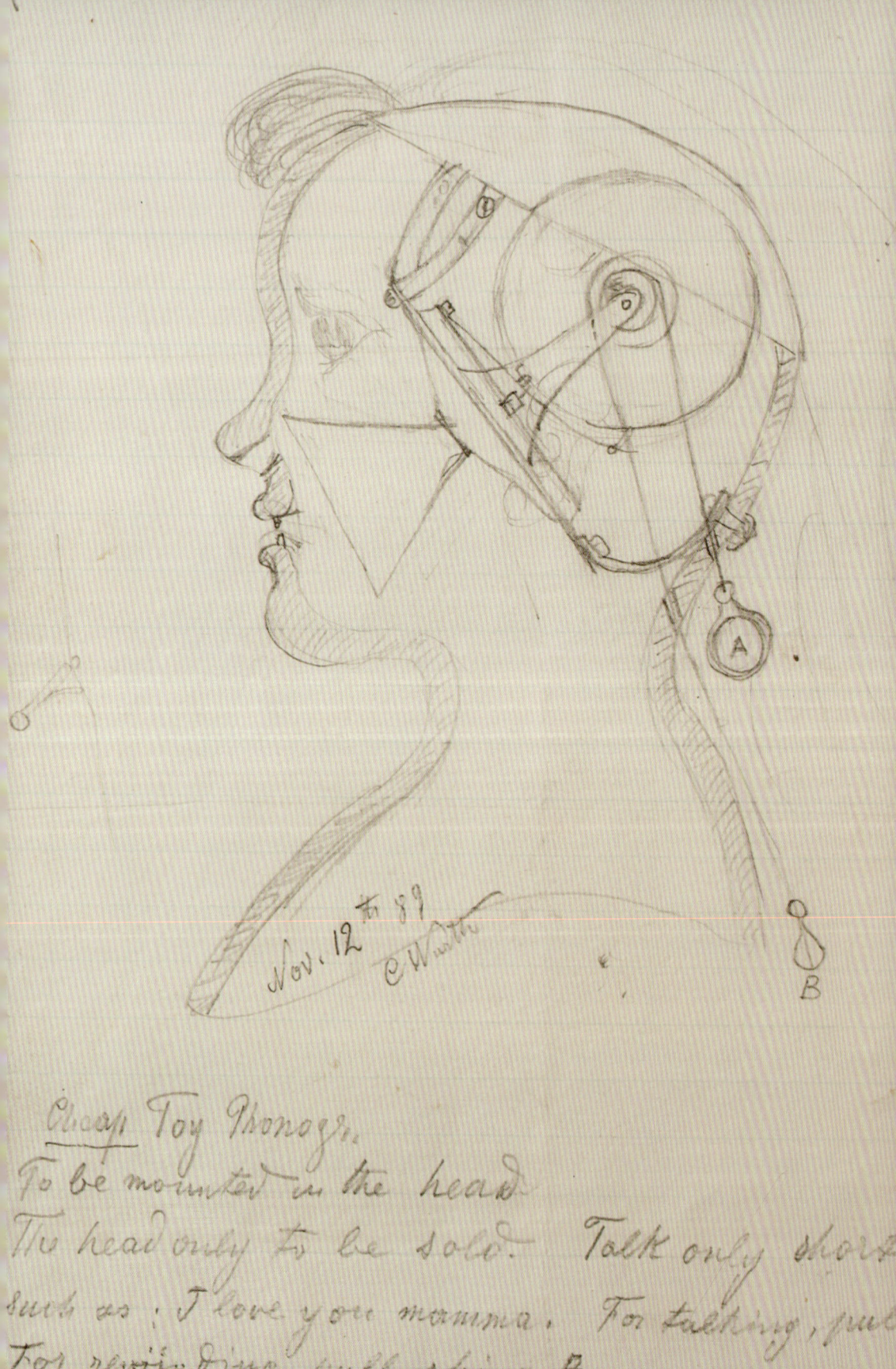

Nov. 12 th 89
C Watt

Cheap Toy Phonog.
To be mounted in the head
The head only to be sold. Talk only short
such as: I love you mamma. For talking, pull
For rewinding pull string B

T. A. EDISON.

Menlo Park, N. J., _____ 18

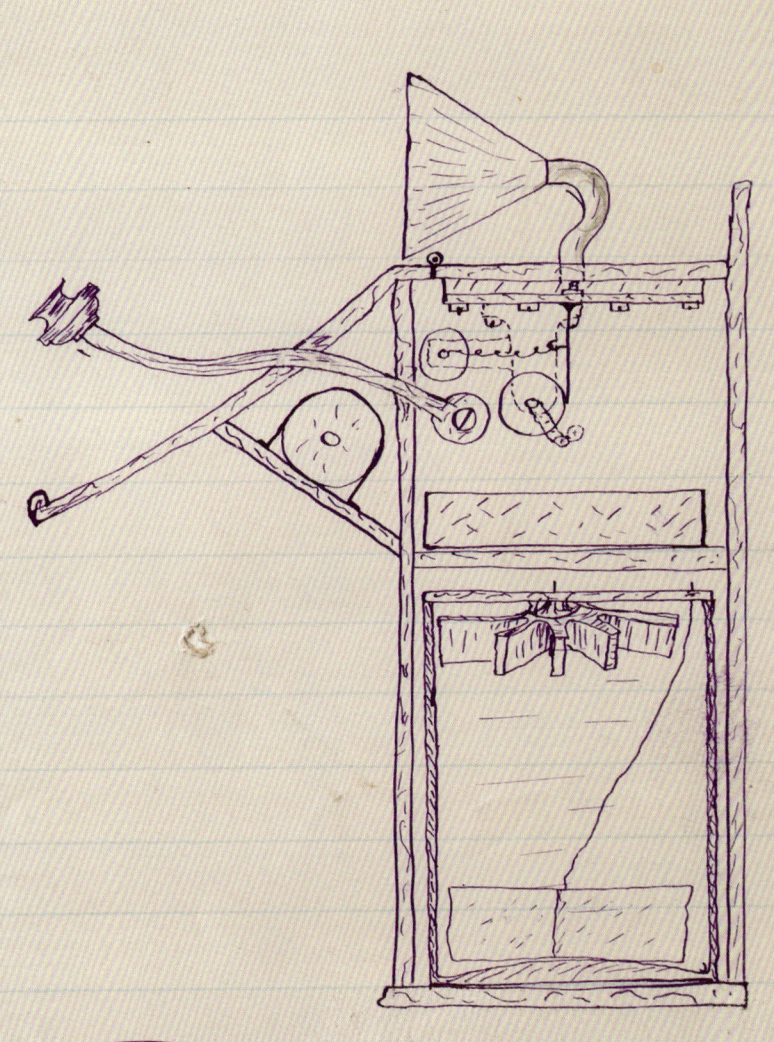

Speaking Telephone

Oct 18th 1878

T A Edison
Chas Batchelor
M N Force
Chas P. Edison
Jas E Carman

今天是这个季节迄今最棒的一天，冷热适宜，堪称完美，仿佛伊甸园一般。这种天气很适合天使们出来野餐，她们可以边享受花草的芬芳边享用午餐，吮吸空气中的水汽，伴随着蜜蜂的吟唱翩翩起舞。我们就像柏拉图一样施展想象力，这些天使仿佛骑跨在蝴蝶的背上，手里还拿着一只午餐篮子，在门洛帕克飞来飞去。[28]

或者像这样：

今天起得早，出去和花儿一起嬉戏。我如同做梦一般，以为自己正在眺望大海。突然间空气中出现了成千上万个就好似拉斐尔画中那样的小天使，每一个都如昆虫般大小，长得漂亮至极，似乎还是半透明的。她们向海面俯冲，伸出小手抓起一小滴水珠，又向天上飞去，用水珠拼凑出一片云彩。[29]

爱迪生在一生中写过 3500 篇有关实验的期刊文章，他不停地描述，不停地绘画，不停地记录，不过他最有趣的作品可能是科幻小说。有一次他开始写作有关电报的书，不过后来因为没有时间而将其束之高阁[30]。爱迪生还涉足诗歌创作[31]，在南北战争期间甚至还考虑过表演莎士比亚的剧作。但当他开始自己的发明生涯后，这些东西全部被他甩到了脑后。1890 年，作家乔治·莱斯罗普（George Lathrop）与爱迪生有过一次会面。莱斯罗普对科幻小说有着浓厚的兴趣，他们有可能进行过专门的讨论[32]。《麦克卢尔杂志》(*McClure's Magazine*) 曾许诺刊登爱迪生正在创作阶段的小说《进步》(*Progress*)，这部作品与他坚持的技术创新的信念倒是相得益彰[33]。

在莱斯罗普的催促下，爱迪生为他的这部小说做了笔记，其中 33 页的内容目前收录在"托马斯·爱迪生的论文"项目（Thomas Edison Papers Project）中。这些笔记记录了一些跳跃性的内容，其中一页中谈

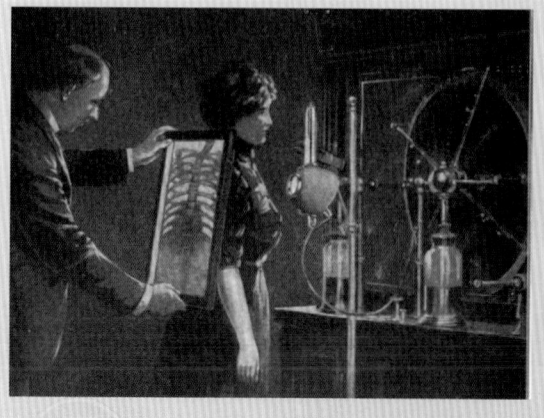

右图：荧光镜成像。

第九章 才华横溢

到了"国际达尔文学会在亚马孙河流域的帕拉州设立实验站",下一页则提到了"在南极洲未知地区发现一个文明",紧接着又跳到了地中海附近的"撒哈拉海"[34]。不出所料,爱迪生用晦涩的技术性语言填满了他的笔记,什么"将以太力取代电力""力是由电磁波谱中紫外线外的光的振动产生的"。

莱斯罗普敦促爱迪生多写几页,甚至还亲自操刀写了5章,寄给爱迪生审阅。不过爱迪生很快就中断了二人之间的合作。莱斯罗普投资不利,欠下了《麦克卢尔杂志》不少债,他不停地请求爱迪生提供更多的材料——或者至少可以允许莱斯罗普继续写下去。但是当时爱迪生已经去奥格登挽救他的矿石产业,疲于奔命,根本无法答应莱斯罗普。最终,科幻小说还是没能以任何形式呈现出来[35]。爱迪生在疯狂的日程安排下继续着自己的事业。而莱斯罗普后来与纳撒尼尔·霍桑(Nathaniel Hawthorne)的女儿罗丝(Rose)结了婚,但是她在1898年就去世了,年仅47岁[36]。

爱迪生确实拥有一项与写作有关的成就:在全世界颇具声望的标志性学术期刊《科学》(Science)的创立离不开爱迪生的帮助[37]。爱迪生有个朋友在《自然》(Nature)杂志出版社工作,这是一本当时已经十分有名的英国杂志,出版社上层很乐意顺势而为推出美国版。爱迪生雇用了一位名叫约翰·米歇尔(John Michel)的年轻撰稿人,还为他配备了一名助手和一个写作空间,并同意为该杂志提供资金,唯一的要求是希望杂志能在短时间内至少取得微薄的盈利。一开始,这本杂志的名称叫《科学进步周刊》(Weekly Journal of Science Progress)。爱迪生匿名参与其中,但实质上掌控着杂志的内容[38],这也导致在杂志的早期版本中出现了爱迪生为自己服务的情况。尽管某些竞争者或一些真正的作者对此心存抱怨,但杂志还是迎头赶上并且慢慢地成长为我们今天所熟知的《科学》杂志[39]。几年后,爱迪生退出,亚历山大·格拉汉姆·贝尔接管了该杂志,并且一干就是数十年。

无所不能

几十年间爱迪生一直在发明创造。后期,他的有些想法变得非常宏大,而有些则渐渐淡出他的脑海,但是论对社会的贡献,没人能够超越他。除了我们已经讲述过的主营业务外,爱迪生还尝试过许多其他业务。

当威廉·伦琴(Wilhelm Röntgen)发现了如今已是家喻户晓的 X 射

第九章 才华横溢

线后,爱迪生就着手进行了大量的实验来改进,并开发了一种实用的 X 射线装置。他首先专注于改进真空管,最终发明了一种观察 X 射线产生的荧光的方法。所谓的荧光镜就是这样诞生的[40]。可悲的是,爱迪生的荧光镜在 1901 年布法罗泛美博览会上亮相后,本有机会救威廉·麦金莱总统一命,但是总统先生的助理拒绝使用,因为担心辐射伤害。几天后麦金莱总统就因为体内仍留有一颗铅质子弹而丧命[41]。

爱迪生还制造过家用电器,比如以艾迪夸夫特(Edicraft)名义生产的面包机[42]、会讲话的木偶[43]、电动火车[44],还有收音机——尽管不是他心甘情愿开发生产的(在他的儿子查尔斯和西奥多的鼓动下发明的)。他甚至还投入到日食观测活动中,开发了一款测量红外辐射的温湿度电子微压计,可用来测量来自太阳的热辐射。这属于爱迪生在电话研发领域的无数个副产品之一[45]。

橡　　胶

到 1927 年,爱迪生很大程度上已经把自己公司的管理权转交给了儿子查尔斯,直到 1957 年公司与麦格劳电气公司(McGraw Electric Company)合并[46]。爱迪生与米娜一起在迈尔斯堡庄园里惬意地生活着,比平时更放松了,不过也并未完全退休。他的好友亨利·福特和哈维·费尔斯通正在寻找一个美国国内的橡胶产地,以抵御来自南美洲、马来西亚和其他遥远地区生产的天然橡胶日益增长的成本的压力[47]。爱迪生可闲不住。他把迈尔斯堡的实验室"变身"为研究新的植物资源的场所。1927 年,他成立了爱迪生

对页图:爱迪生正在透过荧光镜观察。

右图:1925 年 3 月,爱迪生和哈维·费尔斯通在迈尔斯堡旁观橡胶专家、费尔斯通的雇员奇克(M.A. Cheek)轻轻敲击一棵橡胶树。

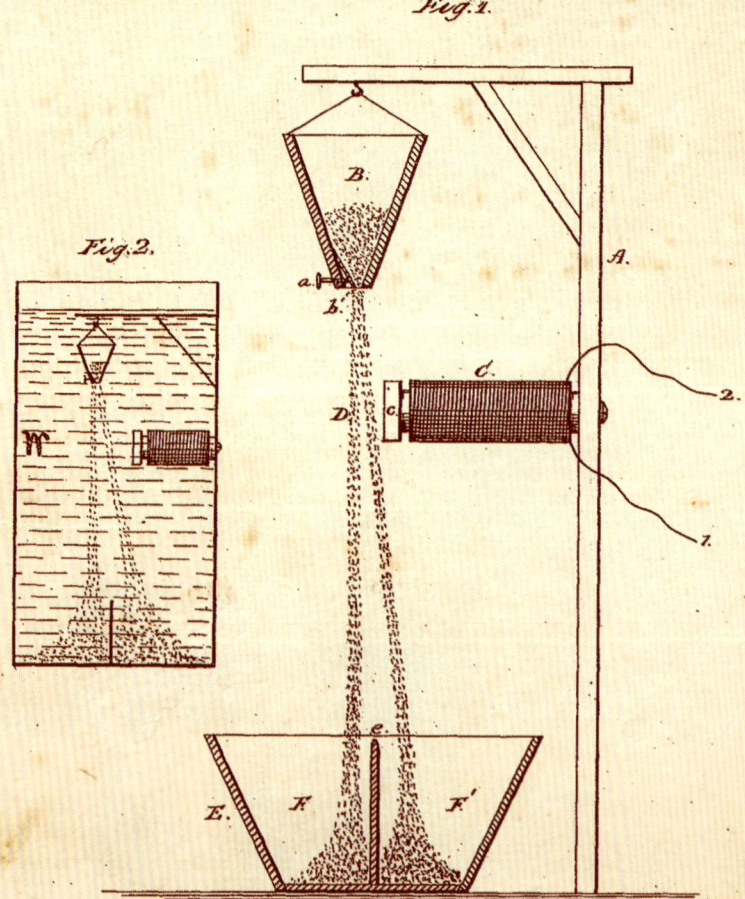

第九章　才华横溢

植物学研究公司（Edison Botanic Research Corporation）[48]，还在迈尔斯堡火车站告诉人们："我在这儿做橡胶试验，不是别的！"[49]

爱迪生从最可能获知来源的植物入手，先弄清它们的特性。他这样记录："我们正在寻找的是一种一年生的植物……8到9个月就能成熟，可以用机器收割……它必须是一种能抵抗轻微霜冻的东西，因为在美国的几乎所有地方都有可能遭遇霜冻。"[50] 就像几十年前对白炽灯灯丝的探索一样，爱迪生派出几路人马在全世界范围内收集他们所能找到的植物。植物的剪枝被送回实验室，爱迪生用自己发明的新方法测试这些植物里的橡胶含量[51]。当时，十几名员工分布在全球的各个地方，而爱迪生本人则在佛罗里达寻找植物。他总共测试了17000多种不同的东西[52]。

与往常一样，爱迪生的周围有一个由化学家、机械师和其他各类专家组成的团队。实验室进行了翻修，包含了一个托儿所、额外的储藏室、烘干炉，以及植物实验所需的其他设备[53]。他们对每样东西都进行了认真的测试，将最佳候选者的范围缩小到"夹竹桃、炮仗藤和海榄雌"等植物上[54]。最终爱迪生锁定在"一枝黄花"身上，这是一种到处都能看见的黄色野花（也有人说是野草）。它生长速度极快，所含橡胶也很容易被提取出来，不过它并不像爱迪生所希望的那样容易被机械收割。但总的来说，它是美国国内天然橡胶资源的最佳选择[55]。

后来，随着美国大萧条时期的到来，人们对橡胶的需求减少，因为没人买得起汽车了，市场上的天然橡胶过剩了。合成橡胶的出现让天然橡胶显得过时而且不划算。爱迪生也渐渐老去，他的最后一项发明的灵感刚刚转化为实体就走向了灭亡。

第十章
与众不同的身后遗产

1931年10月18日清晨,托马斯·阿尔瓦·爱迪生在位于新泽西州西奥兰治的格伦蒙特豪宅里安然辞世,这里距离他多年来长期辛勤工作的实验室并不太远[1]。他在世84年,其中有70年从事着发明工作。在人生的最后几个月里,爱迪生的健康状况一路下滑,他之前一直在与糖尿病、布赖特氏病(肾小球肾炎)、胃溃疡和尿毒症做斗争,最后由于肾衰竭离开了人世。那段时间他的家人陪在他身边,但是他似乎只认得出陪伴了他45年的妻子米娜[2]。

爱迪生的身后遗产相当惊人。雕刻家詹姆斯·厄尔·弗雷泽(James Earle Fraser)为当时的不少名人制作过遗容脸模,他把爱迪生的手铸了下来。爱迪生的遗体庄严地躺在实验室的图书馆里,有超过50000名悼念者来到这里表达敬意[3]。两天后,棺材被转移到格伦蒙特举行私人葬礼。除了米娜和家人外,还有近400位朋友参加,其中包括露营伙伴亨利·福特和哈维·费尔斯通、第一夫人卢·亨利·胡佛(代表美国总统)以及许多其他朋友。世界各地的达官显贵发来慰问信,诸如教皇庇护十一世(Pope Pius XI)、德国魏玛共和国总统保罗·冯·兴登堡(Paul von Hindenburg)等世界政要,还有法西斯独裁者贝尼托·墨索里尼(Benito Mussolini)和格斯·温克勒(Gus Winkler)——黑帮老大阿尔·卡彭(Al Capone)的一个打手[4]。《科学》杂志发表了一篇关于这位著名发明家的饱含深情的讣告,宣称他是"全人类的大恩人"[5]。

爱迪生被安葬在位于格伦蒙特的豪宅后面,距离西奥兰治的实验室仅仅800米之遥。他具有创造性的遗产一直影响到今天。

对页图:爱迪生在西奥兰治实验室里握着"爱迪生高效能灯泡",摄于1919年。

第十章　与众不同的身后遗产

发明和专利遗产

爱迪生在美国坐拥 1093 项专利，在英国、法国和德国拥有更多的专利。最早的专利大多与改进电报技术有关：从双工、双链再到四路多工系统和印字电报。还有许多专利是伴随着留声机而产生的：从最早的锡箔装置到滚筒，再到后来既可以录音又可以播放的流传于世的平板式留声机，直到后来的磁带、激光唱盘和 MP3。每种留声机类型都需要许多独立的专利，涵盖碳质发报机（也用于电话）、唱针、曲柄、电动机、记录材料和喇叭状扩音器等。

随着白炽灯和第一套电力与照明系统的发明产生了大量的相关专利，电影和录音技术的发明也是如此。在爱迪生大量的发明和专利中，还包括采矿、混凝土生产系统（含混凝土建筑）、荧光镜（X 射线）、蓄电池和其他各种小发明。

爱迪生所留下的遗产不仅仅是这些个人发明，而且还有整个产业，例如电力供应、留声机、电影等产业。早在"可再生资源"流行之前，他就已经开始琢磨了。只不过他并没有像老对手尼古拉·特斯拉那样穷追不舍[6]。爱迪生意识到了化石能源的局限性，就在去世前不久，他还跟朋友亨利·福特和哈维·费尔斯通说：

> 我们就像农民一样，把我们房子周围的篱笆砍下来当燃料，但同时我们也应该使用大自然取之不尽的能源——太阳、风和潮汐。我会把钱花在太阳和太阳能上头。那是多么强大的力量啊！我希望我们不要等到石油和煤炭用完后再着手解决这个问题。[7]

爱迪生研究了一种通过风力涡轮机获得电能，然后存储起来供短期使用的方法，这意味着早在 1901 年农村居民就"能够储存足够的电流，在晚上用于照明"。他甚至还画了一幅风车的草图，这种东西可以为 4～6 户家庭提供电能。在和亨利·福特共事期间，爱迪生开发了蓄电池和电动汽车，希望人们可以在充电桩上充电。他在寻找可再生资源方面并不是特别成功，但至少他知道这样做的好处。

他留下的遗产和对发明的贡献远远超越了其个人属性，爱迪生发明了发

对页图：爱迪生正在展示留声机。

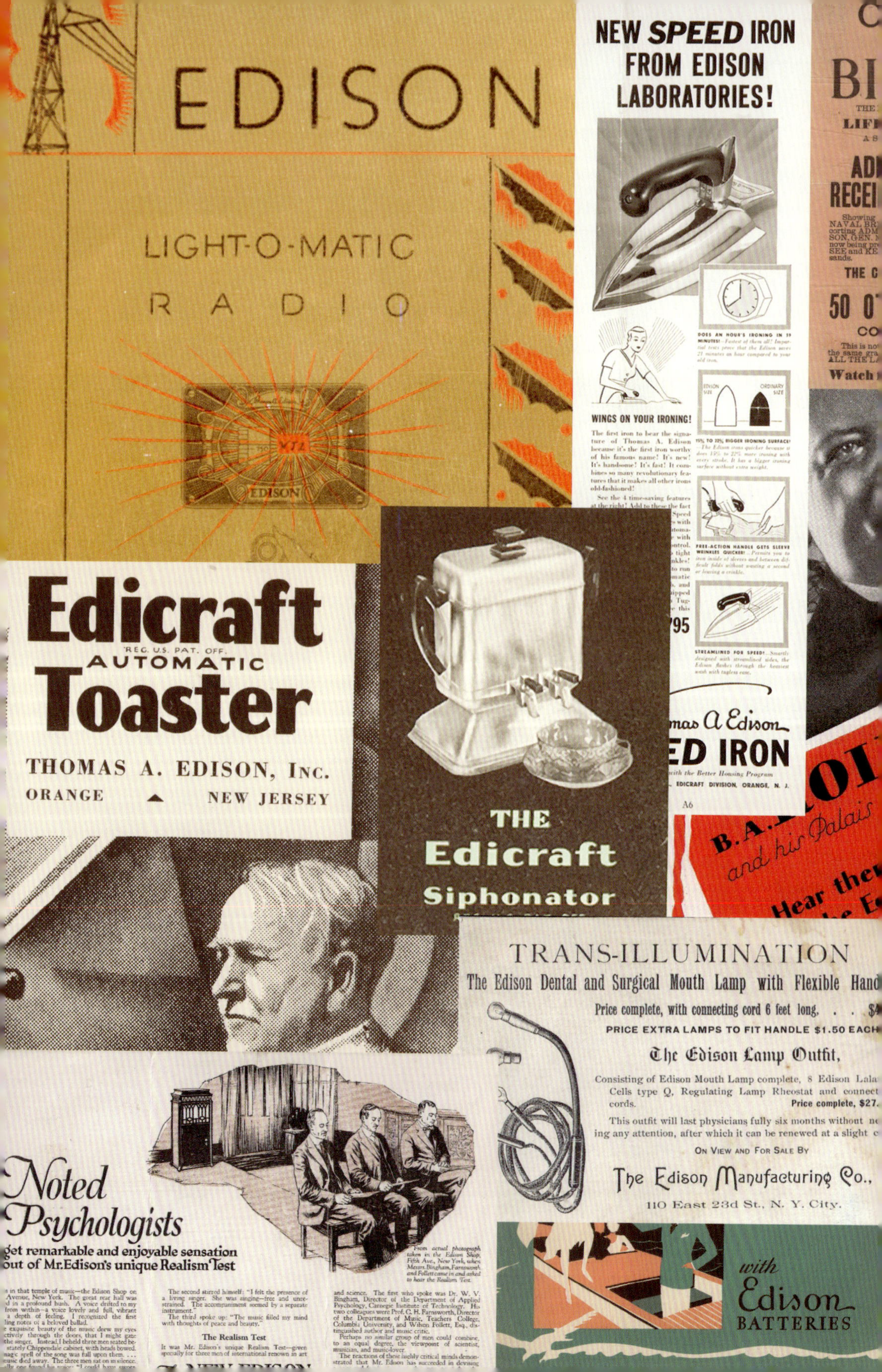

EDISON

LIGHT-O-MATIC RADIO

NEW *SPEED* IRON FROM EDISON LABORATORIES!

WINGS ON YOUR IRONING!

The first iron to bear the signature of Thomas A. Edison because it's the first iron worthy of his famous name! It's new! It's handsome! It's fast! It combines so many revolutionary features that it makes all other irons old-fashioned!

$7.95

Edicraft
REG. U.S. PAT. OFF.
AUTOMATIC Toaster

THOMAS A. EDISON, INC.
ORANGE ▲ NEW JERSEY

THE Edicraft Siphonator

Thomas A. Edison
SPEED IRON
with the Better Housing Program
EDICRAFT DIVISION, ORANGE, N. J.

B. A. ROLFE
and his Palais...
Hear them...

TRANS-ILLUMINATION
The Edison Dental and Surgical Mouth Lamp with Flexible Hand...

Price complete, with connecting cord 6 feet long . . . $4...
PRICE EXTRA LAMPS TO FIT HANDLE $1.50 EACH

The Edison Lamp Outfit,

Consisting of Edison Mouth Lamp complete, 8 Edison Lala... Cells type Q, Regulating Lamp Rheostat and connect... cords.   **Price complete, $27...**

This outfit will last physicians fully six months without ne... ing any attention, after which it can be renewed at a slight c...

ON VIEW AND FOR SALE BY

The Edison Manufacturing Co.,
110 East 23d St., N. Y. City.

Noted Psychologists
get remarkable and enjoyable sensation out of Mr. Edison's unique Realism Test

...in that temple of music—the Edison Shop on ... Avenue, New York. The great rear hall was ... in a profound hush. A voice drifted to my ... from within—a voice lovely and full, vibrant ... a depth of feeling. I recognized the first ... ling notes of a beloved ballad.

... exquisite beauty of the music drew my eyes ... ctively through the doors, that I might see ... singer. Instead, I beheld three men seated be... stantly Chippendale cabinet, with heads bowed. ... magic spell of the song was full upon them. . . . ... one found his voice: "I could have sworn ... had heard her sing."

The second stated himself: "I felt the presence of a living singer. She was singing—free and unrestrained. The accompaniment seemed by a separate instrument."

The third spoke up: "The music filled my mind with thoughts of peace and beauty."

The Realism Test

It was Mr. Edison's unique Realism Test—given specially for three men of international renown in art

and science. The first who spoke was Dr. W. V. Bingham, Director of the Department of Applied Psychology, Carnegie Institute of Technology. His two colleagues were Prof. C. H. Farnsworth, Director of the Department of Music, Teachers College, Columbia University, and Wilson Follett, Esq., distinguished author and music critic.

Perhaps no similar group of men could contrive, to an equal degree, the viewpoint of scientist, musician, and music-lover.

The reactions of these luckily critical minds demonstrated that Mr. Edison has succeeded in devising...

with **Edison** BATTERIES

EDISON
KINETOSCOPES

EDISON MANUFACTURING COMPANY,
Main Office and Factory: C
New York Office, to Fifth Avenue.
Cable Address, Kuriti

Edison Iron-Clad Fan Motor.

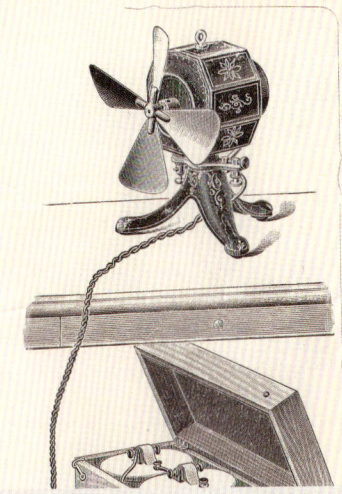

OUTFIT COMPLETE,
Including Motor with 7 in. Fan, and Battery Cords, 3 Edison - Lalande Cells, Porcelain Jars, Type "Q" (in polished oak box 18¾ in. long 7 in. wide, 9¾ in. deep) with charge to run motor 75 hours

$15.50.

EDISON IRON-CLAD BATTERY FAN MOTOR WITH 7 INCH FAN, $8.00.

WE wish to call special attention to the following advantages in this motor which are possessed by none other in the market.

It is noiseless, has self-oiling bearings, and is entirely enclosed in iron-clad case, be-

HOW TO MAKE CONCRETE WATERING TROUGHS

A PRODUCT OF THE EDISON LABORATORIES

EDISON CEMENT IS SOLD BY

From Brain to Type

STOP AND REFLECT that five mental operations generally required to dispatch the ordinary business lett *First*, the dictation; *Second*, writing the shorthand note *Third*, repetitions for the dictator; *Fourth*, reading the no in transcription; *Fifth*, typewriting a well arranged busin communication with proper attention to spelling, punctuati and grammar. If now we dispense with the three int mediate processes and operate direct "from brain to typ we not only economize and save valuable time, but direct the training and energy of our transcribers the writing of more and better letters. These ideal conditions have been attained, after years of study,

The Edison Commercial System
Conducted with the
Business Phonograph

The instrument is nearl ready at an expense of be interrupted for hour ously spoken, make co certainty that an accur ders are handled in nu them and identify the l

The Edison Amberola
THE IDEAL CHRISTMAS GIFT

Price: United States, $200.00; Canada, $240.00.

Pro-technic Ediphone
EDISON VOICE WRITING

A DESK MODEL FOR DICTATORS

The PRO-TECHNIC Ediphone is also obtainable for desk use. The design is compact and occupies a minimum of space while offering the same sanitary, dustproof protection, cleanliness and neatness as the floor design.

THE SECRETARIAL MODEL

A technical improvement in voice transmission is effected with a recorder featuring a new, exclusive principle of balanced voice writing. Used in conjunction with Edison "Master Wax" cylinders, a more natural tone, greater transcribing production and accuracy are obtained.

TYPEASE is your secretary's electrical control key—an exclusive feature—which attaches to any typewriter. A tap of the thumb starts, stops or repeats the voice. Approved by commercial teachers everywhere. Operation permits speed without fatigue, leaving the feet free to assume any comfortable position.

FEED WHEEL REPEATING enables the secretary to pick up the thread of Ediphone dictation after having typed the previous phrase. Its action is instant, positive and accurate. The Ediphone feed wheel back spaces perfectly under electric control and represents a distinct engineering advance over the old feed nut design.

...and that's all you need!

明艺术。从前，企业依赖于内部人员的专业知识或流动的工人把旧的想法转变为新的想法。爱迪生改变了这一传统。在门洛帕克和西奥兰治的发明工厂，他相当于创建了世界上第一座工业研发实验室。他聘了同样有发明头脑的同事，让他们自由地思考如何实现既定目标。他还雇了熟练的工匠，这样他只要提供给他们笔记本上的概念草图即可，他充分相信团队能够制造出自己设想的东西。这种协作方式让爱迪生在其他人忙于执行中的项目之时，还能抽出时间思考新的想法。他的实验室里有金属车间、玻璃吹制室、测试间和储藏室，其中堆满了各种物资和你能想到的所有化学品，可立刻用于大规模生产，简直无所不能。爱迪生不仅设计了新产品，而且还制造了很多新产品。他经常使用"美国制造体系"（American System of Manufacture），这是一种装配线工艺体系，工人们可以将预制件组装在一起构成最终的产品。这个体系可保证他把留声机的产量从每天10台增加到50台[8]。

爱迪生还开创了我们今天所说的外部咨询服务。像西部联合公司这样的大公司会向爱迪生及其公司支付一大笔费用，用于寻求技术解决方案以及现有系统的升级改造，随后再生产大量新设备以满足不断增长的市场需求。这给爱迪生带来了几乎稳定不变的资金流，与爱迪生其他发明产品的商业化运作一起，为他研发新的技术提供了必要的资金支持。

最后一点，爱迪生创造了品牌的概念。他创办了几十家企业，其中大多数都标注了爱迪生的名字；每一个人都知道，需要时就打电话给他。为了进一步巩固品牌的概念，最终他将所有业务都由一个公司实施品牌保护——托马斯·阿尔瓦·爱迪生公司（Thomas A. Edison, Inc.），甚至爱迪生新的官方签名也融入了具有标志性的图案[9]。

流行文化

爱迪生经常被人们和他的竞争对手尼古拉·特斯拉相提并论。他是个工作狂，也是科学幻想小说的完美人物原型。事实上有一类奇幻小说就是以他的名字命名的——爱迪生式故事（Edisonade）。虽然"爱迪生式故事"之名属于现代发明，但是这一流派起源于19世纪；这类故事中通常有一位年轻的发明家（包括"小汤姆·爱迪生"），他会到非常遥远的地方旅行，一路上有着各种奇妙的冒险经历。

第十章　与众不同的身后遗产

爱迪生本人也曾出现在小说《爱迪生征服火星》(Edison's Conquest of Mars)当中。这本小说于 1898 年出版，描写的是火星人入侵地球失败后，地球人主动出击进攻火星。当火星人攻击地球人时，爱迪生发明出一种"分裂射线"（基于当时他在 X 射线方面的研究）拯救了地球乃至整个宇宙[10]。这本书是赫伯特·乔治·威尔斯（Herbert George Wells）《世界大战》一书未经授权的版本《火星战士》(Fighters from Mars)的续集，不过随后便开始在英国的《皮尔逊杂志》(Pearson's Magazine)上连载[11]。

爱迪生和特斯拉一同出现在雅各布·德拉·奎尔西亚（Jacopo della Quercia）的小说《林肯怀表的大阴谋》(The Great Abraham Lincoln Pocket Watch Conspiracy)里。这部小说讲的是出游在外的塔夫脱总统（President Taft）和同伴罗伯特·林肯（Robert Lincoln）为了拯救世界，采取了一系列行动，与神秘的恐怖分子展开殊死搏斗。在伍德斯威克（L. Woodswalker）的小说《特斯拉的信号》(Tesla's Signal)里，托马斯·爱迪生受到坏人的控制，向他贡献了自己别出心裁的技术。即使是著名作家小库尔特·冯内古特（Kurt Vonnegut, Jr.）也在短篇小说《汤姆·爱迪生的毛茸小狗》(Tom Edison's Shaggy Dog)中描写了爱迪生发现狗有着超能力，甚至会说英语的情节[12]。在 1978 年唐纳德·本森（Donald R. Bensen）写作的一部名为《未知天数……》(And Having Writ...)的小说中，3 个不幸的外星人被困地球，托马斯·爱迪生受任美国总统。如果你喜欢玩电子游戏，不妨看看《刺客信条》(Assassin's Creed)系列，爱迪生又一次面对他一生中最喜欢的对手特斯拉。

如果你想看些比较正经的书，那么推荐你读一下尼尔·鲍德温（Neil Baldwin）、

《爱迪生征服火星》中的艺术画，小说最早于 1898 年在《纽约杂志》上连载。

Mickey Rooney
as Young Tom Edison

with Fay **BAINTER**
George **BANCROFT**
Virginia **WEIDLER**
Eugene **PALLETTE**

Original screen play by Bradbury Foote, Dore Schary and Hugo Butler
Directed by **NORMAN TAUROG**
Produced by John W. Considine, Jr. · Associate Producer: Orville O. Dull

A **Metro-Goldwyn-Mayer**
PICTURE

伦纳德·德格拉夫（Leonard DeGraaf）、保罗·伊斯雷尔（Paul Israel）、兰德尔·斯特罗斯（Randall Stross）及其他人写的托马斯·爱迪生的传记。

准确地说，由于爱迪生在电影方面做了开创性的工作，所以在当时人们已经制作了好几部表现爱迪生生活的影片。1940年，也就是爱迪生去世后不到10年时，就有两部偶像电影上映了，米基·鲁尼（Mickey Rooney）在《青年汤姆·爱迪生》（*Young Tom Edison*）中出演爱迪生，斯宾塞·特雷西（Spencer Tracy）在《伟人爱迪生》（*Edison, The Man*）中出演爱迪生。音乐家们也纷纷想到爱迪生，特斯拉乐队创作了一首歌曲叫《爱迪生的药》（*Edison's Medicine*），春巴旺巴（Chumbawamba）的一支单曲叫《门洛帕克的奇才》，还有一些迪斯科流行音乐，如比吉斯（Bee Gees）兄弟的《爱迪生》。

爱迪生还出现在各种穿越小说、科幻电影和电视剧里（当然少不了著名动画片《辛普森一家》）。爱迪生最知名的现代形象大概是YouTube网上的一段叫《史诗级说唱大战》（*Epic Rap Battles in History*）的视频，在视频中爱迪生又遇到对手了，你猜是谁？当然是尼古拉·特斯拉。

可以肯定的是，几乎所有10岁以上的人都听说过托马斯·爱迪生。

荣耀一生

爱迪生在其漫长的职业生涯中收获了许多荣誉和奖项。资助者们并没有等他离世后才将荣誉授予他。在白炽灯诞生50周年之际，美国财政部长安德鲁·梅隆（Andrew Mellon）颁发了一枚特制的国会金质奖章给爱迪生，以表彰他的贡献，上面写着"他用他的发明照亮了进步的道路"[13]。1929年，刚刚成立一年的电影艺术与科学学院将第一个荣誉学院奖授予爱迪生（现如今该奖项更为人熟知的名称是"奥斯卡金像奖"）[14]。

他获得过的奖项数量十分可观，其中包括：

对页图：由米基·鲁尼主演的《青年汤姆·爱迪生》的电影海报。

第十章 与众不同的身后遗产

- 1887 年马泰乌奇奖章（一项意大利物理学奖）
- 1889 年约翰·斯科特奖章（费城市议会）
- 1899 年爱德华·朗斯特里斯奖章（费城富兰克林学院）
- 1904 年设立爱迪生奖章（美国电气工程师协会，后改组为电气和电子工程师协会）
- 1908 年约翰·弗里茨奖章（美国工程协会）
- 1915 年富兰克林奖章（费城富兰克林学院）
- 1920 年海军杰出服务勋章（美国海军）
- 1928 年国会金质奖章

此外，爱迪生还入选了瑞典皇家科学院、美国国家科学院和新泽西州名人堂，2010 年甚至还获得了格莱美奖，以表彰其在声音录制方面做出的贡献。

还有无数的高中、州立大学、社区学校、街道旅馆以及喷泉以爱迪生的名字命名，有至少 3 座桥梁取自爱迪生的名字，加利福尼亚州还有一个湖泊就叫托马斯·爱迪生湖。美国海军的两艘水面舰艇和一艘"伊桑·艾伦"级（Ethan Allen-class）弹道导弹核潜艇被命名为"爱迪生"号，他还享有一颗小行星命名的荣誉——第 742 号小行星"爱迪生"星（742 Edisona）。如果你想以个人名义表达对爱迪生的尊敬，那么有大量与爱迪生有关的 T 恤可供你选购，你可以给自己买一件，也可以给你家狗狗买一件。你可以为初出茅庐的发明家购买各种各样的实验室工具，这也是不错的纪念形式。

爱迪生创立了许多带自己名字的公司，直到今天你仍然可以找到好几个，其中包括几个电力公司，如爱迪生联合电气公司、联邦爱迪生电力公司（如今是美国最大的核电公司爱克斯龙的子公司）、底特律爱迪生电力公司（如今美国 500 强企业 DTE 能源的子公司）和南加州爱迪生电力公司。或许他最伟大的遗产是通用电气（GE）公司，它是现在最成功的公司之一，公司那句著名的流行语"梦想启动未来"（Imagination at Work）一定会唤起人们对其创始人的记忆。

为纪念爱迪生而设立的奖项，除了前面提到的创建于 1904 年由电气和电子工程师协会每年颁发的"爱迪生奖章"，还有荷兰每年授予在音乐工业方面的杰出贡献者的"爱迪生奖"，美国机械工程师协会每年颁发的"托马斯·爱迪生专利奖"。

让"爱迪生"成为永恒

许多机构和组织都向这位在电报、电力、照明、电池、留声机、电影、采矿等领域拥有1000多项发明和专利的人致以了崇高敬意。许多与爱迪生有关的地方建起了博物馆,并对标志性的建筑加以保护,有的地方还竖立了巨型灯泡以纪念他的杰作。

在俄亥俄州的米兰人们修建了爱迪生诞生地博物馆(Edison Birthplace Museum)。爱迪生一家离开米兰时,房子被卖掉了,40年后,爱迪生的姐姐玛丽昂又重新买了回来。她去世后,爱迪生自己买下了那片地产,并让他的一个表兄住在那里负责维护工作[15]。所以当爱迪生在1924年最后一次到访时,惊奇地发现房间竟然被油灯和蜡烛点亮着。爱迪生去世多年后,米娜买下了这栋房子。在1947年2月11日,爱迪生诞辰100周年之际,它作为博物馆向公众开放[16]。

位于密歇根州休伦港的爱迪生车站博物馆(Thomas Edison Depot Museum)是个不该被遗忘的地方,那里记录了爱迪生在大干线铁路公司工作期间卖报纸的经历;此外还有位于肯塔基州路易维尔的爱迪生故居(Thomas Edison House),当他还是个流动报务员的时候,曾在那里住过一段时间。甚至在得克萨斯州的博蒙特(Beaumont, Texas)也有一座爱迪生博物馆(Edison Museum),然而事实上爱迪生从未到过那里。

还有一些实验室因爱迪生而声名远扬。门洛帕克的托马斯·爱迪生中心(Thomas Edison Center)是爱迪生最早的"发明工厂"。自从爱迪生搬去纽约和新泽西州的西奥兰治后,门洛帕克

上图:爱迪生研发的巨型扬声器,据报道它可以把声音放大并传至3.2千米远。
对页图:在工作室里的爱迪生。

的设备就变得破败不堪了，大部分有用的设备也被搬到了新的厂房里。1914年，爱迪生的家毁于一场大火，而仅仅5年之后，又一场大火烧毁了他的办公室和图书馆。1925年5月16日，新泽西州政府出资建造了一块纪念碑，竖立在那片空地上。爱迪生和米娜出席了仪式，一同出席的还有新泽西州州长、普林斯顿大学校长、通用电气公司董事长爱德华·赖斯（Edward W. Rice）、纽约爱迪生公司副总裁约翰·雷柏（John Leib）和芝加哥联邦爱迪生公司总裁塞缪尔·英萨尔[17]。纪念碑嵌在一个巨大的岩石遗址中，至今还在[18]。

门洛帕克可能是爱迪生身后遗产中最具标志性的丰碑。在爱迪生"完美灯泡"诞生50周年之际，爱迪生先驱者（Edison Pioneers）——曾经或当前在爱迪生的公司工作的一群人——在此建造了一座铁塔，这里还曾是实验室主楼的所在地。在塔顶有一只钢质的灯泡，1929年10月21日曾点亮过。该结构保存了好几年，直到1937年被闪电摧毁。有趣的是，爱迪生先驱者们在铁塔被摧毁前5个月就开始建造一座新的永久性的装饰派艺术塔（20世纪20至30年代流行的装饰和建筑风格——译者注）；为了致敬爱迪生进军水泥建筑行业，这座塔使用非常坚固的水泥，竖起来有约41米高。塔的顶端是直径约5.8米的白炽灯复制品，由康宁玻璃厂（Corning Glass Works）根据第一只商业灯泡的草图使用百丽耐热玻璃制作而成[19]。这座塔到现在还矗立着。

在塔的旁边是一座规模较小但是展品丰富的博物馆，重点展示了门洛帕克实验室的历史。志愿者导游不仅会向游客介绍许多发明，而且还会讲述人物故事，将一个鲜活的爱迪生形象呈现在游客面前[20]。诸多展品展示了他早期的电报和电气方面的发明，导游会打开一台115岁的滚筒式留声机，那声音听上去仿佛它是昨天才刚刚生产的。

真正的门洛帕克实验室位于密歇根州的迪尔伯恩（Dearborn, Michigan）。而亨利·福特开办的福特博物馆（Henry Ford Museum）有时也被称为爱迪生研究所（Edison Institute），那里展示着地地道道的美国文化。（福特博物馆是美国最大的历史博物馆之一，主要展示改变人类生活方式的汽车工业。美国也被称为"车轮上的国度"，汽车文化和工业非常发

对页图：爱迪生在他真正的家——工作室中。

达，是美国历史中重要的一部分——译者注。）博物馆有一片面积为 0.97 平方千米的土地，被称为"绿地村"，包括了近 100 座历史建筑以及牧场、森林、河流与湿地[21]。在这么多建筑中，有一座是爱迪生门洛帕克实验室的复制品。因为福特是爱迪生很要好的朋友，爱迪生还允许他将两座仅存的建筑——玻璃房和萨拉·乔丹的木屋搬到迪尔菲尔德。原门洛帕克实验室建筑中剩下的其他材料被运到迪尔伯恩，甚至包括泥土。

"门洛帕克的奇才"正是从新泽西州的西奥兰治走上了发明之路的，爱迪生在那里度过了大量的时间。如今在西奥兰治实验室，以及他和米娜抚养大儿子的地方格伦蒙特，成立了托马斯·爱迪生国家历史公园（Thomas Edison National Historical Park），由美国国家公园管理局负责运营。这是个综合性的纪念公园，包括了所有原来的实验室大楼和设备，所以在这里参观俨然穿越到过去一样。现场也有一座第一部电影拍摄和制作的地方——"囚车"电影工作室的复制品。这里还有一个很有特色的地方，那就是图书馆，漂亮的书架上堆满了爱迪生和他的同事为研究攻克难题的新方法所用到的各类书籍。一张折叠着放在角落里的小床让人想起爱迪生在工作中度过的漫长时光，尽管他更可能是安逸地躺在离实验室最近的长凳上[22]。

爱迪生仍健在时，人们就已经意识到需要采取一些措施保存他的文件和实验设备。1938 年，曾有一位公司高管悲痛地向爱迪生家族汇报公司内部的组织状况出现了问题，被他形容为犹如"寒鸦窝"般混乱[23]。1947 年，米娜在去世前把房产卖给了托马斯·爱迪生公司，到 20 世纪 50 年代该房产又转让给了国家公园管理局进行保护。1962 年 9 月 5 日，国会正式批准西奥兰治实验室和附近的格伦蒙特为爱迪生国家历史遗址（Edison National Historical Site）[24]。或许它还需要花费很多年，在得到充分维护后才能作为有价值的公共事业向公众开放，进一步帮助我们洞悉爱迪生的职业生涯。

另外还有一个组织也为公众保护了爱迪生的遗产。米娜去世前 6 个月，爱迪生和福特冬季庄园向公众开放，这是她捐赠给迈尔斯堡的房产，也充分体现出爱迪生的这位好朋友也是好邻居亨利·福特有多么重要[25]。在 80000 多平方米的庄园里，有爱迪生和福特的家、供访客居住的房子、花园，还有爱迪生植物学研究实验室。这里同样也展示了数百件发明、展品和工艺品。

对页图：门洛帕克实验室如今的样貌（一）。

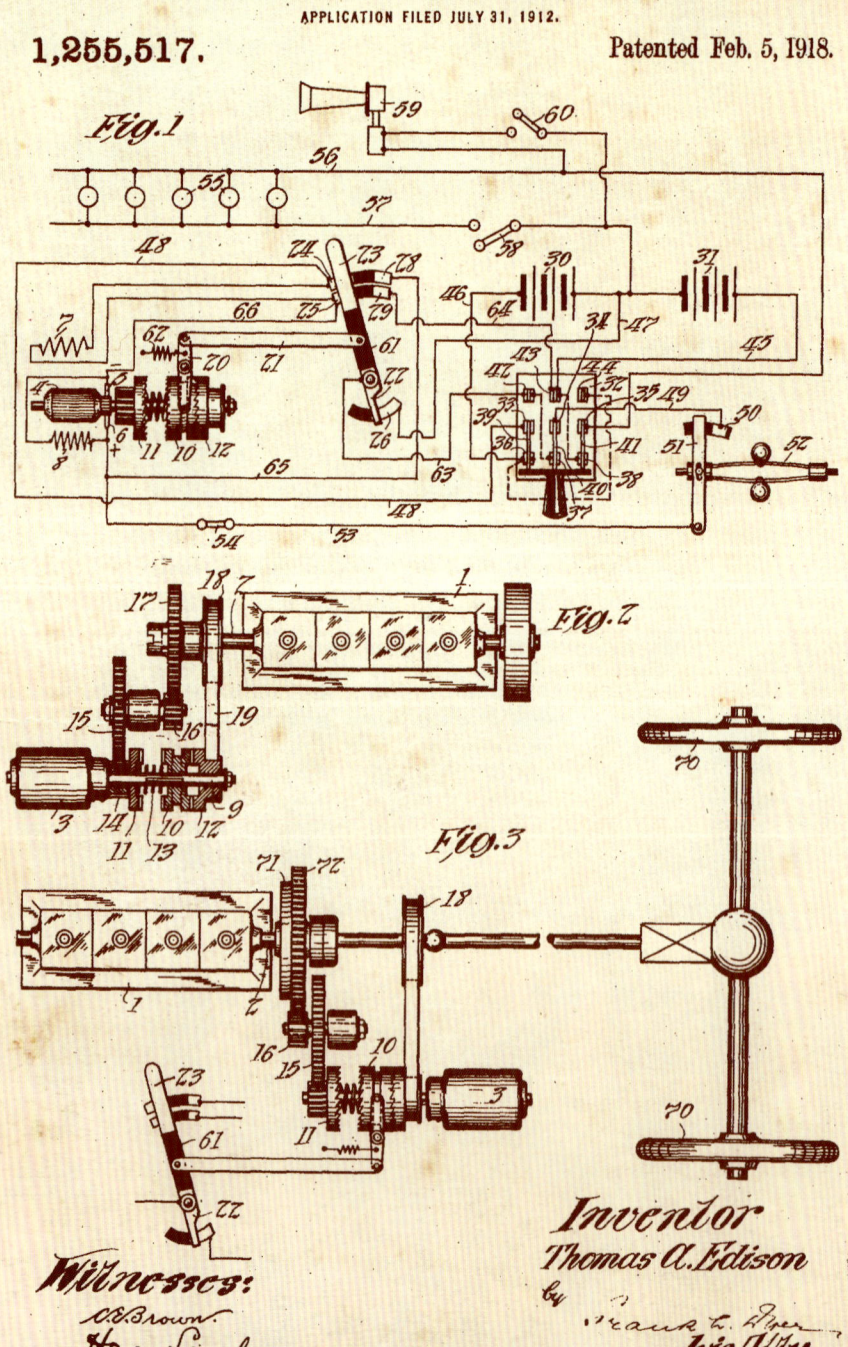

第十章 与众不同的身后遗产

持续研究

虽然托马斯·爱迪生已经离开我们好几十年了，但是收集他重要论文的工作一直在进行中。"托马斯·爱迪生的论文"是美国罗格斯大学（Rutgers University）1978年启动的一个项目，该大学负责将爱迪生的论文、笔记和其他文献资料进行数字化，总页数将超过500万页[26]。该项目的一个主要目标是：

> ……制作一套收录爱迪生手抄文件与注释的选集，共计15卷。这套选集不仅概述了爱迪生的生活与事业，而且也能成为人们了解爱迪生所研发产品的技术发展、了解新兴技术产业的产生与发展的重要资料。

该项目的工作预计将持续多年，好在现在已经有了数码产品、微缩胶片、书籍等多种载体。在线资源中也有爱迪生的大事记、发明和专利、公司目录及其工作的清单。

爱迪生对社会的贡献到底涉及多少领域至今仍无定论。他在改进电报技术、电话技术等方面，在发展可靠的电力与照明系统和电灯泡等方面，在发明留声机和电影等方面都扮演了重要的角色。他在铁矿石研磨、混凝土建筑材料、电动汽车蓄电池、寻找用作汽车和自行车轮胎的橡胶材料等方面也取得了许多鲜为人知的巨大成就。这些功绩还极大地帮助到其他人为自己的未来打拼，他们也将爱迪生的发明与发现拓展为巨大的商业版图。

爱迪生的名字已经成为"创新"的同义词。他的"发明工厂"整合了企业的产品设计、制造和营销

门洛帕克实验室如今的样貌（二）。

等功能，并且团队式的创新方法成为后来大多数创新型公司组建研究实验室的灵感[27]。正如学者们从爱迪生的电影中了解到的——他曾在1913年预言"书很快就会过时"，显然今天的我们正依赖于平板电脑和智能手机进行视觉化的学习[28]。

爱迪生也激发了一些具有远见卓识的人的灵感，比方说谷歌的创始人之一兼首席执行官拉里·佩奇（Larry Page）。佩奇年仅12岁时就读过尼古拉·特斯拉的传记，当他长大后终于明白了其中的一句话："你还需要领导技能。"

> 你应该像爱迪生那样做。你发明的某样东西对人们不一定会产生什么帮助。你必须想办法把它带到世界上；你必须把它生产出来，要通过募集的资金实现它。[29]

或许就像阿弗烈·诺夫·怀海德（Alfred North Whitehead）所说的，爱迪生最重要的一项发明就是"发明了发明的方法"[30]。

对页图：（从左至右）亚瑟·威廉姆斯（Arthur Williams）、托马斯·爱迪生、约翰·利布（John Lieb）、尼古拉斯·布雷迪（Nicholas Brady）和托马斯·穆雷（Thomas Murray）。

致　　谢

致雷金纳德（Reginald）、弗洛伦斯（Florence）和布莱恩（Bryan）

如同这一类型的所有书籍一样，之前已有许多作者为我的写作铺设了道路。我想感谢所有先前研究过托马斯·爱迪生的一生的传记作者，他们为此花费了大量时间。他们孜孜不倦的付出为我们还原了长达数百万页的信件、实验室笔记和已出版的论文等，这使得我们这些后来者能够较为轻松地进行阅读。我想特别感谢保罗·伊萨雷尔（Paul Israel）("托马斯·爱迪生的论文"项目）、莱昂纳德·迪格拉夫（Leonard DeGraaf）(托马斯·爱迪生国家历史遗址），还有强克·佩里洛（Chuck Perillo），在门洛帕克（Menlo Park）市爱迪生博物馆那引人入胜的旅程中，他将托马斯·爱迪生惟妙惟肖地呈现在我们面前。

我还想感谢我的代理商，艾伦·奥谢文化代理公司（Allen O'Shea Literary Agency）的玛丽莲·艾伦（Marilyn Allen），以及本书的编辑，斯特灵出版社（Sterling Publishing）的克里斯·巴尔桑蒂（Chris Barsanti）给我这个机会来展现托马斯·爱迪生令人惊叹的成就。我还要对斯科特·鲁索（Scott Russo）致以特别的感谢，这位斯特林出版社的设计师，整合了本书以及之前书籍中有关尼古拉·特斯拉的所有图像与照片。

感谢以上人士共同促成《特斯拉：电学奇才》(Tesla: The Wizard of Electricity）一书获得巨大成功。正是因为有了它的成功，我才有了写作这本关于爱迪生的书的底气。

最后，我要感谢我的所有朋友、家人、科学家同事们和其他诸位作者，你们激励并鼓舞了我的科学和写作事业。特别感谢孙茹（Ru Sun，音译）对我的持续不断的鼓励、对本书提出的建设性意见和对于书中细节的严格把控。正是由于她的努力，我本人和这本书才变得越来越好。

参考文献

[1] BALDWIN NEIL. Edison: Inventing the Century. New York Hyperion,1995.

[2] CARR NICHOLAS. The Big Switch: Rewiring the World,From Edison to Google. New York:W.W. Norton & Company,2009.

[3] CONOT ROBERT. Thomas A. Edison:A Streak of Luck. New York:Da Capo Press,1979.

[4] DEGRAAF LEONARD. Edison and the Rise of Innovation. New York: Sterling Publishing,2013.

[5] DYER FRANK LEWIS and MARTIN THOMAS COMMERFORD. Edison: His Life and Inventions. NewYork: Harper&Brothers Publishers,1910.

[6] ESSIG MARK. Edison & The Electric Chair: A Story of Light and Death. New York :Walker &Company,2003.

[7] FREEBERG ERNEST. The Age of Edison: Electric Light and the Invention of Modern America. New York :Penguin Press,2013.

[8] ISRAEL PAUL.Edison: A Life of Invention. New York: John Wiley & Sons,1998.

[9] J JONNES JILL. Empires of Light: Edison, Tesla,Westinghouse,and the Race to Electrify the World. New York: Random House, 2003.

[10] JOSEPHSON MATTHEW. Edison: A Biography. History Book Club edition,2003.

[11] KENT DAVID J. Tesla:The Wizard of Electricity. New York: Fall River Press,2013.

[12] KENT DAVID J. Nikola Tesla: Renewable Energy Ahead of Its Time. E-book available from Amazon Digital Services,2014.

[13] KENT DAVID J. Abraham Lincoln and Nikola Tesla: Connected by Fate.

E-book available from Amazon Digital Services, 2015.

[14] STROSS RANDALL. The Wizard of Menlo Park: How Thomas Alva Edison Invented the Modern World. New York: Crown Publishers, 2007.

大事记

1847 年：2 月 11 日出生于俄亥俄州的米兰镇，是小塞缪尔·奥格登·爱迪生的第七个也是最后一个孩子。

1854 年：爱迪生一家搬到密歇根州的休伦港。

1859～1862 年：在大干线铁路公司找到一份报童的工作，贩卖报纸和糖果；在火车上建起一座化学实验室和印刷车间。

1864～1867 年：在美国中西部的多个城市做报务员。

1867 年：设计出改进电报设备的第一张草图。

1868 年：成为西部联合公司波士顿办事处的报务员。

1869 年：1 月 30 日宣布从西部联合公司辞职，集中精力于自己的发明事业。

1869 年：获得第一项发明专利——投票记录仪。

1869 年：出售证券报价机的使用权，搬到美国的纽约。

1869 年：开办了提供电报工程和咨询服务的公司。

1870 年：移居新泽西州纽瓦克市，与黄金与证券电报公司签订了一份合同，获得第一个电报机专利，并利用这笔钱设立了一座实验室，在那里从事自己的创新工作。

1871 年：在印字电报（证券行情）技术方面进行了几项重要的改进。

1871 年：与 16 岁的玛丽·史迪威在圣诞节那天结婚。

1872 年：与约瑟夫·穆雷建立合作关系。

1873 年：女儿玛丽昂·埃斯特尔·爱迪生（1873—1965）出生，小名"嘀嘀"（Dot）。

1874 年：为西部联合公司发明了四工电报机，它能同时发送 4 条信息（每个方向 2 条）。

1875 年：终止与穆雷的合作，将其实验室从工厂中分离出来。

1875 年：发明电子笔，这是一种早期的复写装置，可以连同很多电报发明一起工作。

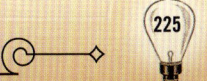

1876 年：儿子小托马斯·阿尔瓦·爱迪生（1876—1935）出生，小名"嗒嗒"（Dash）。

1876 年：在新泽西州的门洛帕克市开设了第一座工业研究实验室。

1876 年：获得油印机专利。

1877 年：发明碳质发报机，在电话技术方面取得关键性突破。

1877 年：7 月 18 日，第一次设想记录电话振动膜的振动；11 月 29 日，设想滚筒式留声机；12 月 7 日在《科学美国人》杂志社的办公楼里证明了这个设想。

1878 年：儿子威廉·莱斯利·爱迪生（1878—1937）出生。

1878 年：在华盛顿向美国国家科学院成员演示留声机的操作方法，此后搁置了相关工作，直到 1886 年。

1878 年：去怀俄明州观看日全食，测试微压计。

1878 年：将注意力转向照明系统；在纽约成立爱迪生电灯公司，"持有、生产和运营各种用于产生光、热或电的仪器设备"。

1879 年：发明碳丝灯，用直流发电机给白炽灯供电；12 月 31 日在门洛帕克首次向公众展示白炽灯泡。

1880 年：雇请大量员工帮助自己开发和改进商用电灯照明系统的部件，在门洛帕克开设一座工厂专门生产电灯。

1880 年：5 月，在蒸汽机船"哥伦比亚"号上安装独立的发电机组。

1880 年：在门洛帕克的地面道路上首次测试电气化铁路。

1881 年：离开门洛帕克，在纽约开设新的实验室；开办新工厂生产照明系统和电力系统的各种零配件；在珍珠街开始建造第一座永久性的中央电站，并于 1882 年 9 月开始启用。

1881 年：2 月，建成第一座地面的独立发电站。

1881 年：爱迪生和亚历山大·格拉汉姆·贝尔成立东方电话公司（Oriental Telephone Company）。

1882 年：乔治·威斯汀豪斯以 25000 美元的价格购买了竞争对手菲利普·迪尔的感应灯的专利权。

1882 年：尼古拉·特斯拉前往巴黎为欧洲大陆爱迪生公司工作，推进感应电动机和旋转磁场的研发工作。

1883 ~ 1884 年：爱迪生花费了一年的时间为小型工业城镇安装中央

大事记

电站。

1883 年：由托马斯·爱迪生主持建造的第一个采用架空电缆铺设的电气照明系统在新泽西州的罗塞尔投入使用。

1884 年：8 月 9 日，妻子玛丽·爱迪生去世，享年 29 岁，死因不详。

1884 年：特斯拉带着查尔斯·巴彻勒写给托马斯·爱迪生的推荐信回到美国，与爱迪生见面并领任务前去修理"俄勒冈"号邮轮上的发电机组；1885 年离开爱迪生。

1886 年：乔治·威斯汀豪斯成立威斯汀豪斯电气公司。

1886 年：2 月 24 日，39 岁的爱迪生迎娶 20 岁的米娜·米勒；他们搬去新泽西州的西奥兰治，冬天前往佛罗里达州的迈尔斯堡度假。

1886 年：在亚历山大·格拉汉姆·贝尔的伏尔塔实验室工作的查尔斯·泰恩特（Charles Tainter）发明了一种使用蜡进行录音的格拉福风留声机。

1887 年：爱迪生搬去位于新泽西州西奥兰治的新实验室。

1888 年：女儿玛德琳·爱迪生（1888—1979）出生。

1888 年：爱迪生在白炽灯灯丝材料的研究上拓展到竹子、草以及其他材料上。

1888 年：特斯拉发明了第一台应用型交流发电机和多相输电系统，为工业和商业带来一场革命。

1888 年：2 月 27 日，埃德沃德·迈布里奇拜访爱迪生，讨论将他的走马灯与爱迪生的留声机相结合的可能性；10 月，爱迪生提交了一项有关电影系统的专利声明。

1888 年：在格拉福风留声机的推动下，爱迪生研发了"完美的"留声机；"电流之战"打响了。

1889 年：组织设立铁矿石加工企业，位于新泽西州的奥格登的矿井投入生产。

1889 年：起诉前合伙人汤姆林森（Tomlinson）和季利兰，指控他们在与杰西·利平科特和北美留声机公司的谈判过程中存在欺诈行为。

1890 年：儿子查尔斯·爱迪生（1890—1969）出生；他在父亲去世后接管了公司和实验室，还成为新泽西州州长。

1890 年：威廉·克穆勒成为第一个被用电椅执行死刑的人。

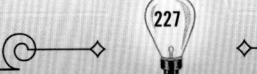

1891 年：爱迪生发明的摄影机的原型机向公众展示，后来（1892 年）他还在西奥兰治建造了"黑色玛利亚"电影工作室。

1891 年：前往奥格登矿石加工厂试图"解决所有问题"。

1892 年：汤姆森－休斯顿电气公司和爱迪生电灯公司合并成立通用电气公司。

1893 年：在芝加哥举办的哥伦比亚世博会上采用了交流电供电；尼亚加拉瀑布委员会批准使用交流电系统，该系统成为全球第一个大规模电力系统。

1893 年：爱迪生展示他的影片制作和放映系统。

1896 年：推销家庭留声机，这是一种并不昂贵、由弹簧电动机驱动的留声机。

1897 年：为家庭投射式电影放映机（the Home Projecting Kinetoscope）申请专利，这是第一款家庭电影投影机。

1898 年：儿子西奥多·爱迪生（1898—1992）出生。

1899 年：开展波特兰水泥业务并开办了生产水泥的工厂。

1900 年：通用电气公司组建了第一个研发实验室，爱迪生开始从事电动汽车蓄电池的研发工作。

1901 ~ 1903 年：在加拿大安大略省的萨德伯里探矿，被认为是鹰桥（Falconbridge）矿体最早的发现者。

1902 年：水泥投入商业生产，爱迪生向社会推介"浇筑"技术。

1903 年：大象托普西被电击，电击过程被托马斯·爱迪生的公司拍成电影。

1903 年：电影《火车大劫案》发布，为真人电影树立了新的标准。

1904 年：马可尼（Marconi）获得了无线电发明专利。（1943 年，美国最高法院撤销了马可尼的无线电专利，裁定特斯拉为无线电的发明者。有人认为这是第二次世界大战中美国政府为避免向在英国伦敦成立的马可尼无线电报公司支付巨额专利费而蓄意为之——译者注。）

1904 年：德国皇帝威廉二世（Kaiser Wilhelm II）成为录制政治文件语音版本的第一人，他使用的是爱迪生发明的滚筒式留声机。

1909 年：出售他的碱性蓄电池；在电动汽车市场衰退后，碱性蓄电池被广泛用于许多商业领域。

1912 年：推广钻石唱片留声机。

大事记

1915 年：美国海军部长约瑟夫斯·丹尼尔斯说服爱迪生出任海军顾问委员会主任，研究新的军事技术。

1916 年：与亨利·福特和哈维·费尔斯通开始度假活动并形成传统，3 个人身后跟着一群记者。

1927 年：把精力投向寻找一种可以人工种植和提取的天然橡胶的替代品上，以应对战争带来的库存需求，最终认为一种黄花是最佳材料。

1928 年：加入迈尔斯堡西维坦俱乐部（Fort Myers Civitan Club）（志愿社会服务团体）；获得特别的国会金质奖章，以表彰他的工作。

1929 年：在密歇根州迪尔伯恩（Dearborn, Michigan）举行的电灯发明 50 周年庆典上重现了电灯的发明，亨利·福特在那里重建了门洛帕克实验室。

1931 年：爱迪生提交了他的最后一项发明专利。

1931 年：10 月 18 日，爱迪生因糖尿病并发症去世，享年 84 岁；葬礼当天，举国上下将电灯调暗 1 分钟以示悼念。

1947 年：8 月 24 日，米娜去世，享年 81 岁。

发明与专利

托马斯·爱迪生可能是历史上最多产、涉足领域最广的发明家。仅在美国他就拥有大约 1100 项发明与专利，在国外这个数字更大，这还不包括 500 多项未获批准的专利申请或半途而废的发明成果。戴尔和马丁整理了一份清单，收录了截至 1910 年爱迪生所获得的专利，不过爱迪生在此后很多年依然在不断产出新的专利。关于他所有专利的完整汇编（包括 1910 年以后的），您可以在"托马斯·爱迪生的论文"项目网站上找到。

电灯与动力装置（424 项）

爱迪生个人专利中数量最多的专利与电灯系统、发电系统、电力输送系统的研发有关。这些专利包括了许多特殊的电灯，包括制作碳质或其他白炽灯丝的方法，也包括了所有灯泡的生产流程。爱迪生的专利还涵盖了许多东西的设计和生产过程，如发电机及其改进型、万用表、原电池（组）、二次电池（组）和温度调节器等。爱迪生还拥有吊灯专利，甚至电气化铁路机车的专利。

留声机与录音装置（199 项）

专利数量位居第二位的是留声机以及其他各类录音设备。每一款留声机都拥有复杂的零部件，它们都会产生相应的设计专利，涉及方方面面，从带有机械装置、人工控制开关的录音机到自动开关的录音装置。另外还有一些办公录音机、家庭留声机，甚至包括为会说话的玩偶开发的微型留声机。留声机的涂装方法、录音滚筒或唱片的制作工艺以及机箱的设计也都有各自的专利。

电报和电话（186 项）

考虑到爱迪生是如何开始其发明事业的，那么我们就应该想到他的许多专利与改进电报技术有关，并且不可避免地从电报领域扩展到电话领域。这些专利包括双工电报机、同向双工电报机、四工电报机和六工电报机，以及印刷电报、声控电报、自动化电报、化学电报等。还有一些专利涉及各种电气开关、录音设备和继电器等。与电话相关的专利包括爱迪生版的电话、碳质发报机和电话中继器。

电池（147 项）

爱迪生拥有 147 项不同类型电池的专利，包括原电池、可逆原电池、伏特电池、热电转换电池和蓄电池。他还为可充电电池、电镀设备和电极申请了专利。

采矿和研磨（53 项）

爱迪生花了 10 多年的时间尝试从贫铁矿中提取铁矿。他发明了许多新的方法，从别人丢弃的材料中获得了有价值的东西。爱迪生发明了多种电磁矿石分离设备和相关的烘干机、搅拌机、筛分机、研磨机、选矿机，并申请了专利。爱迪生还发明了在极端环境下工作的防尘旋转轴承，以及在工厂周围的矿石和其他产品的传输系统等。

水泥（49 项）

爱迪生在发展水泥工业的过程中采用了许多工艺。此外他还拥有水泥的专项专利，如各种筛选、混合、匀化和采样设备的专利。他还为几种回转窑、破碎辊、混凝土生产设备申请专利，甚至发明了窑炉余热利用方法（可能是第一个能量回收方式）。

杂项（50 余项）

爱迪生的许多发明与专利并没有办法归类，如投票记录设备、电子笔、从植物中提取橡胶的流程等；其中还有一些是不太为人所知的、意想不到的

碎石机。"巨大的圆筒可以被认为是整个设备最壮观、最明显的特征……当你看到这种机器可以抓住一块 5 吨重的岩石，并将其压碎，而使用的力量还不到一条狗咬碎骨头所使用的力量时，你就会对'动量'的含义有更直观的感受。"

——《科学美国人》，1898 年 1 月 22 日

发明与专利，比如"韧性铁的艺术品"、一种水果保存方式和"一种改进音乐合奏方式的手段"等。

国外专利（1200多项）

戴尔指出，截至1910年，爱迪生在34个国家拥有1200多项国外专利，其中大部分与他在美国的专利相同。申请专利较多的几个国家是英国、德国、法国、加拿大和奥地利，分别都有100多项专利。

正文注释

序

[1] Baldwin, *Edison: Inventing the Century*, 35–36; Dyer, *Edison: His Life and Inventions*, 49–50

[2] Dyer, ibid.(出处同上), 49–50; Israel, *Edison: A Life of Invention*, 18; Personal communication between the author and Chuck Perillo at the Menlo Park Museum on 7/2/2015

[3] Dyer, viii

第一章　发明家降生

[1] Baldwin, 17

[2] Conot, *Thomas A. Edison: A Streak of Luck*, 3

[3] Ibid.; Baldwin, 19

[4] Dyer, 16

[5] Baldwin, 17

[6] Conot, 4

[7] Dyer, 15

[8] Conot, 3

[9] Edison, as quoted in Israel, 3

[10] Baldwin, 15

[11] Ibid., 9; Israel, 4

[12] Israel, 4

[13] Baldwin, 9–15

[14] Ibid., 15

[15] DeGraaf, *Edison and the Rise of Innovation*, xx

[16] Baldwin, 20

[17] DeGraaf, xxi

[18] Baldwin, 23

[19] Rote learning refers to the process of strict memorization and practice in order to remember specific facts

[20] Baldwin, 24–25; Dyer, 16

[21] Israel, 8

[22] Ibid., 7; DeGraaf, xxii, reports a slightly different title: *First Lessons in Natural Philosophy* 1859

[23] Israel, 11

[24] Dyer, 26

[25] Ibid., 16

[26] Baldwin, 19; citing W. E. Wise, *Young Edison: The True Story of Edison's Boyhood*, Chicago, 1933

[27] Dyer, 17

[28] Ibid.

[29] Ibid., 18

[30] Ibid., 28

[31] Ibid., 29

[32] Dyer, 30

[33] DeGraaf, xxii

[34] Dyer, 30

[35] DeGraaf, xxiii; Israel, 16

[36] Israel, 16

[37] DeGraaf, xxiii

[38] Dyer, 33

[39] DeGraaf, xxxiii; Israel, 17

[40] Israel, 16

[41] Dyer, 35

[42] Ibid., 34

[43] Ibid., 36

[44] Ibid., 32

[45] Ibid., 37

[46] Ibid.

[47] Israel, 18

[48] Baldwin, 37

[49] Ibid., 426, citing Gabler, Edwin, *The American Telegrapher: A Social History, 1860–1900*, Class and Culture Series, Rutgers University Press, New Brunswick, 1988

[50] Baldwin, 33

[51] Israel, 18

[52] Baldwin, 33–34

[53] Dyer, 50

[54] Israel, 19

[55] Dyer, 51

[56] Ibid., 52

[57] Ibid., 53

[58] Ibid., 53–54

[59] Ibid., 55

[60] Ibid., 56

[61] Israel, 25

[62] Ibid.

[63] Baldwin, 38; Dyer, 74

[64] Israel, 21

[65] DeGraaf, xxv

[66] Ibid., xxvi

[67] Baldwin, 44

[68] Ibid., 46

第二章　踏上发明之路

[1] Israel, 40

[2] Wheeler, Tom. 2006. *Mr. Lincoln's T-Mails: The Untold Story of How Abraham Lincoln Used the Telegraph to Win the Civil War*, HarperBusiness, New York

[3] Dyer, 99

[4] Ibid., 99–100

[5] Baldwin, 43

[6] Dyer, 101

[7] Ibid., 100

[8] TAE Papers, PA051; TAEM 0:0, *Telegrapher*, 30 Jan. 1869

[9] Dyer, 102; Patent was filed October 11, 1868, received June 1, 1869; Patent No. 90,646

[10] Ibid., 103

正文注释

[11] Ibid., 102–103

[12] Stross, *The Wizard of Menlo Park: How Thomas Alva Edison Invented the Modern World*, 8

[13] DeGraaf, 3

[14] Dyer, 103

[15] Ibid.

[16] DeGraaf, 3

[17] Israel, 40–47

[18] DeGraaf, 3–4

[19] Dyer, 115; DeGraaf, 4

[20] Dyer, 110; DeGraaf, 4 notes that this number could have been as few as 25

[21] Dyer, 115

[22] Ibid., 124; the company was eventually taken over by Gold & Stock Telegraph Company

[23] Conot, 33

[24] Dyer, 122

[25] Ibid., 123; Edison is recounting this experience years later

[26] Ibid.; Conot, 33

[27] Dyer, 123

[28] DeGraaf, 5

[29] Dyer, 124–127

[30] Ibid., 129; DeGraaf, 5

[31] DeGraaf, 5

[32] Dyer, 128; DeGraaf, 5

[33] Dyer, 129

[34] Israel, 54

[35] Dyer, 131

[36] Israel, 66

[37] Ibid., 54

[38] DeGraaf, 6

[39] Conot, 40

[40] Dyer, 132

[41] Ibid., 133

[42] See Chapter 3 for more on Edison's invention factory

[43] Israel, 6

[44] Dyer, 134

[45] Ibid.

[46] Israel, 105

[47] Conot, 37; Israel, 56

[48] Dyer, 141; DeGraaf, 7

[49] Conot, 37; DeGraaf, 7

[50] DeGraaf, 7; Conot, 37

[51] DeGraaf, 8

[52] Conot, 39–40

[53] Dyer, 144

[54] Ibid.

[55] Ibid., 145

[56] Ibid.

[57] Stross, 19, citing PTAED, 18 Jan. 1878, D7110B

[58] DeGraaf, 14; Israel, 99

[59] DeGraaf, 12

[60] Israel, 97

[61] DeGraaf, 13

[62] Dyer, 158; DeGraaf, 13

[63] Israel, 101–102; Dyer, 157

[64] Israel, 102; Dyer, 159

[65] Dyer, 159

[66] DeGraaf, 14

[67] Dyer, 159; Israel, 102

[68] DeGraaf, 15; Israel, 104

[69] Dyer, 160

[70] Israel, 109–110

[71] DeGraaf, 15

[72] Israel, 110

[73] DeGraaf, 15

[74] Dyer, 168

[75] Israel, 100

[76] Stross, 18

[77] Ibid.

[78] Israel, 106

[79] Dyer, 168–169

[80] Ibid., 169

第三章　发明的艺术

[1] See, e.g., Stross's book by that title

[2] Israel, 167–170

[3] Baldwin, 27

[4] DeGraaf, xxii

[5] Israel, 15

[6] Ibid., 41

[7] DeGraaf, 3

[8] Israel, 42

[9] DeGraaf, 3

[10] Israel, 42

[11] Dyer, 132; Israel, 54; Baldwin, 72

[12] Dyer, 129; DeGraaf, 5

[13] Israel, 100

[14] Ibid., 54

[15] Israel, 191; DeGraaf, 19

[16] DeGraaf, 20; Note that Menlo Park was a section of Raritan Township, which has now been renamed Edison

[17] Dyer, 269

[18] DeGraaf, 21

[19] Baldwin, 68; Dyer, 271

[20] Dyer, 269

[21] Ibid.

[22] Baldwin, 68; Stross, 47

[23] Stross, 47, citing newspaper reporter Amos Cummings

[24] Dyer, 271

[25] Israel, 121, citing G. M. Shaw's article "Sketch of Thomas Alva Edison" in *Popular Science Monthly*, 13 (Aug. 1878), 489–490

[26] Dyer, 270

[27] Ibid.

[28] Ibid.

[29] Baldwin, 69

[30] Dyer, 270

[31] Ibid., 271

[32] Ibid., 272

[33] DeGraaf, 20

[34] Ibid., 23

[35] Israel, 353; Edison starting calling his

researchers "Muckers." It was taken as a positive nickname since Edison was often in the lab "mucking" alongside his workers. Later his workers would form a sort of fraternal organization known as the Muckers of the Edison Laboratory (see Endnote No. 45 of Chapter 18 in Israel)

[36] DeGraaf, 24
[37] Ibid., 24
[38] Ibid., 23
[39] Dyer, 276
[40] Israel, 86
[41] Baldwin, 111
[42] Dyer, 274
[43] Baldwin, 55
[44] Ibid., 74
[45] Dyer, 276
[46] Baldwin, 74
[47] Dyer, 276, quoting Upton
[48] Ibid., 276–277
[49] See longer discussions in Baldwin, Conot, Israel
[50] Stross, 60
[51] Ibid.
[52] Conot, 86
[53] Dyer, 268
[54] Ibid., 278
[55] See HMLR. 1932, September, *Harper's Magazine*, Volume 165, "Edison in His Laboratory by M. A. Rosanoff"
[56] Dyer, 278
[57] Ibid., 280, quoting Francis Jehl
[58] DeGraaf, 24
[59] Dyer, 281
[60] Ibid., 279, quoting Francis Jehl
[61] DeGraaf, 24, quoting Charles Clarke
[62] Dyer, 280
[63] Ibid., 297
[64] DeGraaf, 73
[65] Ibid., 28
[66] Israel, 260
[67] DeGraaf, 20
[68] Ibid., 77
[69] Ibid., 78
[70] Ibid., 79
[71] Israel, 261
[72] Ibid., 265
[73] DeGraaf, 86–87; Israel, 261–263
[74] DeGraaf, 129
[75] ENHS, personal visit, 7/2/15
[76] Ibid.; DeGraaf, xi
[77] Baldwin, 152
[78] Ibid., 56
[79] DeGraaf, xxvi
[80] Ibid., 6
[81] Ibid., 26
[82] Baldwin, 56
[83] Ibid.
[84] Stross, 260–262

第四章　名扬天下的留声机

[1] Stross, 23
[2] Ibid.
[3] Baldwin, 61
[4] DeGraaf, 30–31
[5] A caveat is the initial application for a patent describing the basic principles of a new technology in order to establish precedence; generally this is followed up with a full patent application
[6] Dyer, 174
[7] Conot, 168
[8] Dyer, 176
[9] Conot, 94
[10] DeGraaf, 31
[11] Ibid.
[12] Conot, 94
[13] Israel, 132–134
[14] DeGraaf, 31
[15] Dyer, 180; Israel, 141
[16] DeGraaf, 31
[17] Dyer, 189–198; Edison still had telephone patents in the UK (e.g., see Israel p185) and there were other companies using his technology; as with any new technology, the reality is much more complicated than attributing "discovery" to any one person
[18] Baldwin, 77; a motograph was a music- transmitting apparatus
[19] Israel, 157–161
[20] Stross, 29; Baldwin, 79; TAED Document ID: TI2196; [TI2196; TAEM 11:366] ; Israel, 143 notes a July 17 first conception as "a way to record telephone messages so they could be played back and transcribed at a slower speed in a manner similar to his Morse recorder practice instrument"
[21] Stross, 29 (see the footnote on Stross, 300 for more details)
[22] Dyer, 205
[23] Stross, 29
[24] Dyer, 206
[25] Stross, 29
[26] DeGraaf, 35
[27] Stross, 30
[28] Ibid.
[29] Ibid.; additional [sic] notations removed for clarity
[30] Baldwin, 79
[31] Ibid., 79–80
[32] Israel, 147
[33] Baldwin, 80
[34] DeGraaf, 36
[35] Baldwin, 82
[36] DeGraaf, 36
[37] Israel, 145, see figure
[38] Baldwin, 81, see figure
[39] Ibid., 82

正文注释

[40] DeGraaf, 36

[41] Baldwin, 82

[42] Ibid.

[43] Ibid.

[44] Israel, 147

[45] Ibid., 17

[46] Stross, 31; Conot, 106

[47] Stross, 31; DeGraaf, 36

[48] Baldwin, 84

[49] DeGraaf, 36

[50] Israel, 147

[51] Baldwin, 84

[52] Stross, 55

[53] Dyer, 210

[54] Batchelor and others usually gave the commentary at demonstrations as Edison's hearing loss and hesitancy to speak generally relegated him to sitting and watching

[55] DeGraaf, 38

[56] Ibid., 40

[57] For a history of the National Academy of Sciences, See Kent 2015 *Abraham Lincoln and Nikola Tesla: Connected by Fate*

[58] Baldwin, 96

[59] Israel, 147

[60] Baldwin, 96

[61] Dyer, 108–109

[62] Israel, 153; Baldwin, 109

[63] Dyer, 210

[64] Israel, 154

[65] Dyer, 211

[66] Ibid., 214

[67] DeGraaf, 41

[68] Dyer, 216–217

[69] DeGraaf, 45

[70] Dyer, 217

[71] Israel, 280

[72] Dyer, 218

[73] DeGraaf, 99

[74] Israel, 282–283

[75] DeGraaf, 99

[76] Ibid., 100

[77] Dyer, 221

[78] DeGraaf, 101

[79] Ibid., 102

[80] Israel, 293; DeGraaf, 104

[81] DeGraaf, 104

[82] Ibid.

[83] Ibid., 102, quoting Batchelor

[84] DeGraaf, 105

[85] Israel, 288

[86] DeGraaf, 106

[87] Israel, 425; DeGraaf, 108; the Columbia company was another competitor

[88] DeGraaf, 108

[89] Israel, 424–425

[90] DeGraaf, 108

[91] Chuck Perillo, a guide at the Menlo Park museum, tells the story of how the "Gold Moulded" cylinders—

copies of original music cylinders—led to the first "gold records" given out by the music industry (Personal communication, 7/2/15)

[92] Israel, 425; Baldwin, 318

[93] DeGraaf, 110, citing Nov 1911 letter

[94] Stross, 260 notes that Edison once received a glowing letter from a Mrs. W. C. Lathrop praising him lavishly for…the Victrola!

第五章　家人与朋友

[1] DeGraaf, 10

[2] Paraphrasing, with apologies, the first line of Jane Austen's *Pride and Prejudice*

[3] DeGraaf, 10

[4] Stross, 15

[5] DeGraaf, 11; Stross, 15

[6] After working for Edison his whole life, Ott would die within hours of Edison, thus losing out on the $10,000 bequeathed him in Edison's will; see Baldwin, 412

[7] Conot, 46

[8] Mary had many brothers, sisters, stepsisters, and a stepbrother; her father was a sawyer (i.e., worked in a saw mill) and they struggled financially (See Conot, 47)

[9] Israel, 73; Baldwin, 53

[10] Stross, 295. Stross also relates a "more sinister version" of this story on 15

[11] DeGraaf, 11

[12] Ibid.; Conot, 47

[13] Stross, 16

[14] Ibid.

[15] DeGraaf, 11; Conot, 48

[16] DeGraaf, 11; Conot, 47

[17] Conot, 47

[18] Israel, 123; Baldwin, 61

[19] Stross, 16

[20] Israel, 122; there is no evidence Edison ever called William "Stop"

[21] Conot, 48

[22] Ibid., 53, 55

[23] Israel, 122–123

[24] Ibid., 390

[25] Stross, 212, 248–249; Baldwin, 294

[26] Israel, 259

[27] Ibid., 387

[28] Baldwin, 295

[29] Ibid.

[30] Ibid.

[31] DeGraaf, 70

[32] Ibid., 234, Note 1, Chapter 5

[33] Conot, 219

[34] Conot, 219

[35] DeGraaf, 70

[36] Remorse for his inattentiveness did not seem to extend to Edison's sons, who

remained relegated to boarding schools

[37] Stross, 143

[38] Baldwin, 147; DeGraaf, 70

[39] Baldwin, 147, 149

[40] Ibid., 147

[41] DeGraaf, 71

[42] Ibid.

[43] Baldwin, 147

[44] Ibid., 148; The term "Chautauquas" became widely used for rambling introspection, most notably in Robert M. Pirsig's *Zen and the Art of Motorcycle Maintenance*

[45] Baldwin, 153

[46] Ibid. (see footnote)

[47] Thomas Edison's Diary, July 12, 1885 [MA001; TAEM 0:0]

[48] Ibid.

[49] DeGraaf, 72

[50] A version of this story was told to the author by Chuck Perillo at Menlo Park Museum on 7/3/15

[51] Israel, 247

[52] DeGraaf, 72; Israel, 247

[53] Baldwin, 153

[54] Israel, 249

[55] Baldwin, 224–226

[56] Israel, 255

[57] Israel, 437–438

[58] DeGraaf, 70–71; Israel, 237

[59] Conot, 265

[60] Stross, 159

[61] Israel, 289–290

[62] Baldwin, 303

[63] Stross, 233–234; Baldwin, 303

[64] Stross, 236

[65] Israel, 423

[66] Stross, 254

[67] Ibid., 253–254

[68] Baldwin, 328–331

[69] Stross, 254

[70] Ibid.

[71] Ibid.

[72] Ibid., 255

[73] Baldwin, 330

[74] Stross, 255

[75] Ibid., 257

[76] Dyer, 368

第六章　改良电灯泡

[1] DeGraaf, 48

[2] Dyer, 239

[3] DeGraaf, 48

[4] Dyer, 236

[5] Ibid., 238

[6] Ibid.; Israel, 165; Stross, 81

[7] Dyer, 238

[8] Israel, 168

[9] Dyer, 240

[10] Ibid.

[11] Ibid.

[12] Ibid., 241

[13] Israel, 171

[14] Dyer, 242

[15] Ibid., 244

[16] Israel, 165

[17] Dyer, 245

[18] Ibid.

[19] Israel, 165

[20] Dyer, 245

[21] Ibid.

[22] Ibid., 245–246

[23] Dyer, 302

[24] Israel, 164

[25] Dyer, 248

[26] Ibid.

[27] Ibid.

[28] Israel, 36

[29] Baldwin, 111–113

[30] Dyer, 249

[31] Ibid., 250

[32] Israel, 199

[33] Dyer, 252

[34] Ibid.

[35] Ibid., 258

[36] DeGraaf, 52

[37] Dyer, 258; DeGraaf, 52

[38] DeGraaf, 53

[39] Dyer, 261

[40] Stross, 86

[41] Dyer, 276; quoting Upton

[42] Ibid., 320

[43] Ibid., 262

[44] Ibid.

[45] Ibid., 263

[46] Israel, 196

[47] Dyer, 300

[48] Baldwin, 122

[49] Dyer, 300

[50] Ibid., 301

[51] Conot, 174

[52] Dyer, 302

[53] Ibid., 303

[54] Ibid., 304

[55] Ibid.

[56] Ibid., 305; citing article in the *Evening Sun*

[57] Ibid., 306

[58] Ibid.

[59] Ibid., 308

[60] Ibid., 310

[61] Ibid.

[62] Ibid., 313

[63] Ibid., 314

第七章　电流大战

[1] DeGraaf, 48; Israel, 208

[2] Dyer, 319, quoting Rathenau

[3] Ibid., 321

[4] For example, Israel, 204–205

[5] Joseph Henry had been an early electrical experimenter prior to becoming the first

Secretary of the Smithsonian Institution. He made groundbreaking discoveries related to telegraphy and induction. For more information see Jahns, Patricia, 1970, *Joseph Henry: Father of American Electronics*

[6] For more, see Jonnes, *Empires of Light*; Kent *Wizard*; Israel; Baldwin

[7] Dyer, 290–295

[8] Ibid., 296

[9] Ibid.

[10] Ibid., 325

[11] Israel, 168–169

[12] Baldwin, 104

[13] Ibid., 105

[14] Ibid.

[15] Stross, 124

[16] Ibid.

[17] Ibid., 128

[18] Ibid.

[19] Ibid., 122

[20] Ibid. (see footnote for details)

[21] Essig, 135

[22] Stross, 123

[23] Ibid., 125; Arc lighting works by generating a large spark passing over a gap between two carbon electrodes in air

[24] Israel, 328. Incandescent eventually took over those uses as well

[25] DeGraaf, 48

[26] Villard had been a journalist during the Civil War and did not particularly like Abraham Lincoln; he later became an influential corporate executive

[27] Stross, 105

[28] Ibid., 106

[29] For a more in-depth discussion, see Kent, *The Wizard of Electricity*, 80

[30] Kent, *Wizard*, 80

[31] Ibid., 47

[32] Stross, 126

[33] DeGraaf, 57

[34] Ibid.

[35] Stross, 130

[36] Ibid.

[37] Ibid., 131

[38] Baldwin, 129

[39] DeGraaf, 57

[40] Ibid., 60

[41] Ibid., 61

[42] Dyer, 326

[43] Ibid., 335; Kent, *Wizard*, 46

[44] Dyer, 336

[45] Kent, *Wizard*, 4

[46] Ibid., 43

[47] Ibid., 47

[48] Ibid., 110

[49] Ibid., 113

[50] Essig, 135

[51] Ibid.

[52] Kent, *Wizard*, 113

[53] Ibid., citing *New York Times*, Oct 12, 1889

[54] Essig, 92

[55] Ibid.

[56] Essig, 252–253

[57] Jonnes, 197, citing "For Shame Brown!" *New York Sun*, August 25, 1889

[58] Carr, 39

[59] See Kent, *Wizard* for a full discussion of the Chicago World's Fair competition

[60] Ibid., 96

[61] Baldwin, 234

[62] Baldwin, 227–228

第八章　爱迪生与摄影机

[1] DeGraaf, 144

[2] Stross, 195; Baldwin, 211

[3] Thomas Edison Papers, 8 Oct 1888, PT031AAA1; TAEM 113:238

[4] Stross, 196; DeGraaf, 125

[5] DeGraaf, 125; Baldwin, 211

[6] DeGraaf, 122

[7] Ibid.

[8] Le Prince gained the honorarium "Father of Cinematography," although his estate and Edison engaged in many lawsuits over who invented motion pictures

[9] Stross, 195

[10] Ibid.

[11] DeGraaf, 125–126

[12] Muybridge's birth name was Edward Muggeridge. For a recent biographical treatment, see Hendricks, Gordon (2001). *Eadweard Muybridge: The Father of the Motion Picture*. Mineola, New York: Dover. ISBN 978-0-48641-535-2

[13] DeGraaf, 123

[14] Ibid., 124

[15] Ibid.

[16] Israel, 292

[17] DeGraaf, 124

[18] Baldwin, 209

[19] Stross, 196

[20] Baldwin, 209

[21] Stross, 196

[22] Baldwin, 211

[23] Ibid., 212

[24] Ibid.

[25] DeGraaf, 126

[26] Ibid.

[27] Israel, 442

[28] Baldwin, 219

[29] DeGraaf, 127

[30] Israel, 296

[31] DeGraaf, 127

[32] Ibid., citing *Literary Digest* 1894

[33] Ibid.

[34] Israel, 296

[35] Stross, 197

[36] DeGraaf, 127–128

[37] Ibid., 128; Stross, 197

[38] DeGraaf, 128, as quoted in the *Chicago Evening Press*

[39] Stross, 199

[40] DeGraaf, 128

[41] Ibid., 129; Baldwin, 220

[42] DeGraaf, 129

[43] Ibid., 130; Stross, 199

[44] Baldwin, 232

[45] Ibid., 232–233

[46] DeGraaf, 129

[47] Ibid., 129–130

[48] DeGraaf, 129

[49] Ibid.

[50] DeGraaf, 130

[51] Kent, *Wizard*, 95

[52] Stross, 199

[53] Ibid., 200

[54] DeGraaf, 130

[55] DeGraaf, 133

[56] Ibid.

[57] Stross, 203

[58] DeGraaf, 133

[59] Ibid.

[60] Baldwin, 221

[61] Ibid., 241; DeGraaf, 132; Five others were sent to Atlantic city and ten to Chicago, making up the 25 Egan was contracted to build

[62] Cabinets were set up in two rows of five, so people could watch the five in one row for their 25 cents, another 25 cents for the other five; each showed one short film; DeGraaf, 132

[63] Story is adapted from Baldwin, 242

[64] DeGraaf, 133

[65] Ibid.

[66] DeGraaf, 133–134

[67] Ibid., 134

[68] Ibid.

[69] Ibid.

[70] Ibid.

[71] Ibid., 135

[72] Ibid.

[73] Ibid.; Kent, *Lincoln and Tesla: Connected by Fate*

[74] DeGraaf, 136

[75] Ibid., 140

[76] Ibid., 136

[77] Ibid., 137

[78] For example, see Smith, Michael Glover; Selzer, Adam (2015). *Flickering Empire: How Chicago Invented the U.S. Film Industry*. Columbia University Press. p. 71; This assessment came from Edison's own agents so is likely biased

[79] DeGraaf, 142–144

[80] Fox, Richard Wightman. 2015. *Lincoln's Body: A Cultural History*, 192 citing Wanamaker ad in New York Times

[81] DeGraaf, 145

第九章　才华横溢

[1] Israel, 347

[2] DeGraaf, 149

[3] Ibid., 148

[4] Israel, 346; DeGraaf, 151

[5] DeGraaf, 152

[6] Ibid., 153, 148

[7] Baldwin, 279; DeGraaf, 161

[8] DeGraaf, 164

[9] Ibid., 166

[10] Ibid., 167

[11] Baldwin, 279

[12] DeGraaf, 171

[13] Ibid., 172

[14] Ibid., 193

[15] Israel, 446; The U.S. did not enter the war until 1917.

[16] DeGraaf, 193

[17] The author worked for several years at the National Marine Fisheries Service laboratory on Sandy Hook. The location is also the site of a Coast Guard base and was a Nike missile base during the cold war

[18] DeGraaf, 198

[19] Israel, 449; Kent, *Wizard*

[20] DeGraaf, 202

[21] Ibid., 203

[22] Conot, 341

[23] DeGraaf, xxxiii

[24] Baldwin, 39

[25] Ibid.

[26] Ibid.

[27] Ibid., 46

[28] Thomas Edison's Diary, July 12, 1885 [MA001; TAEM 0:0]

[29] Thomas Edison's Diary, July 21, 1885 [MA039; TAEM 0:0]

[30] Israel, 94–95

[31] Baldwin, 58

[32] Conot, 341

[33] Ibid.

[34] Papers of Thomas Edison Papers, D9004AFW; TAEM 128:747

[35] Conot, 341–342

[36] For more on Lathrop, see John Howard Brown, Rossiter Johnson, John Howard Brown, eds. (1904). *The twentieth century biographical dictionary of notable Americans* 6. The Biographical Society. 360

[37] Baldwin, 120

[38] Ibid., 121

[39] *Science* magazine, 7 Feb 1947, "Thomas A Edison and the Founding of Science: 1880," Vol 05, 2719, 142–148; See also, Baldwin, 122

[40] DeGraaf, 158

[41] This incident is discussed in greater

depth in Kent, *Lincoln and Tesla: Connected by Fate*

[42] DeGraaf, 210

[43] Stross, 195

[44] DeGraaf, 58

[45] Baldwin, 99–100

[46] For a biography of the equally well-accomplished Charles Edison, see Venable, John. 1978. *Out of the Shadow: The Story of Charles Edison*

[47] Baldwin, 380–385

[48] DeGraaf, 206

[49] Baldwin, 385

[50] DeGraaf, 208, citing *Science Monthly*

[51] Ibid., 209

[52] Ibid., 213

[53] Ibid., 212

[54] Ibid., 213

[55] Ibid., 214

第十章 与众不同的身后遗产

[1] Israel, 462; DeGraaf, 219

[2] DeGraaf, 218–219

[3] Ibid., 219

[4] Ibid., 222

[5] *Science*, 23 Oct 1931, 74 (1921): 404–405

[6] For a complete discussion of Tesla's efforts with renewable energy, see Kent, *Nikola Tesla: Renewable Energy Ahead of Its Time*

[7] In conversation with Henry Ford and Harvey Firestone (1931); as quoted in *Uncommon Friends: Life with Thomas Edison, Henry Ford, Harvey Firestone, Alexis Carrel & Charles Lindbergh* (1987) by James Newton, 31

[8] DeGraaf, 100

[9] Ibid., 29

[10] Conot, 342

[11] See John L. Flynn (2005). "War of the Worlds: From Wells to Spielberg." p.5v

[12] The story appears in Vonnegut's short story collection *Welcome to the Monkey House* and was first published in *Collier's Magazine*, March 14, 1953

[13] DeGraaf, 222

[14] Ibid.

[15] DeGraaf, 228

[16] Ibid., 229

[17] DeGraaf, 226

[18] Personal observation, 7/2/15

[19] DeGraaf, 228; Personal tour to author by Chuck Perillo, 7/2/15

[20] Chuck Perillo, a tour guide at the current Menlo Park Museum, tells a story about how he had long ago received a tour at Glenmont, Edison's home in West Orange, by none other than Madeleine Edison, Edison's daughter

[21] See, e.g., Bryan, Ford R. (1996). *Henry's*

Attic: Some Fascinating Gifts to Henry Ford and His Museum. Wayne State University Press. ISBN 978-0814326428

[22] DeGraaf, 225; Also, personal visit by the author on 7/2/15

[23] Ibid., 226

[24] Ibid.

[25] Ford Estate was obtained by Fort Myers in 1991 and the properties combined; see also DeGraaf, 230

[26] The project is a collaboration between Rutgers University, the National Park Service, the New Jersey Historical Commission, and the Smithsonian Institution

[27] DeGraaf, 231–233

[28] Smith, Frederick James. *The New York Dramatic Mirror*, "The Evolution of the Motion Picture: VI – Looking into the Future with Thomas A. Edison,' July 9, 1913.

[29] Ibid.

[30] As quoted in Baldwin, 48

图片来源

Christopher Bain：5，26（下图），36–37，43，53，54–55，71，79，87（下图），192–193，219，217，220

© Corbis：61

Courtesy The Bostonian Society：24

Edison Birthplace Museum：2

Getty © Science & Society Picture Library：145

© The Granger Collection/Granger：NYC 8–9

Hake's Americana Auctions

Courtesy Heritage Galleries：iv–v，4（下图），208

Courtesy Internet Archive：32–33

Library of Congress：1，17，28–29，30，34（相框），40，56（相框），57（相框），60（相框），75（相框），134，164，172–173

Metropolitan Museum of Art：132–133

National Archives：113

National Park Service，Thomas Edison National Historic Park：封面/封底，i，ii，iii，1（下图），3，4（上图），26（上图），39，41，42，45，49，50–51，57（上图），63（上图），64–65，66，68–69，72，76–77，84，86，88，92–93，94，95，99，102–103，105（相框），106，108，109（相框），110，111（上图），111（下图），142，158，159（相框），162，166–167，170，171，180–181，184，186，189，190，191，196，197，200，204–205，215，231，251

Private Collection：vi–vii，viii，xiv，1（顶图），6，7，10，11，12（上图），12（下图），14，15，16，18–19，20，22，34（下图），35，38，44，46，58–59，62，67，70，74，75（下图），81，82，83，96，98，100，116，118，120–121，122，125，127，136，138，140–141，147，149，150，151，156，165，175，178，179，182，183，198

Courtesy Robin & Joan Rolfs：90，91

Scott Russo Archive：21

Science Source：© Sheila Terry：153，154

Smithsonian Institution：221

Toronto Public Library：13

U.S. Naval Research Laboratory：188

Courtesy Wikimedia Foundation：ix，x–xi，34（相框），56（相框），57（相框），60（相框），73，87（上图），97，114–115，124，146，148，168，174，194

Yale University Library/Beinecke Rare Book and Manuscript Library：128–129

1912 (EX'R'S BOOK)   17/8

No. 23
NUMBER (Series of 1900),   PATENT No.

69868

Name Thomas A. Edison,   53-A-169

Do not destroy
J+B

West Orange,

County of

State of New Jersey

Invention Method of Recording Sounds.

	ORIGINAL	RENEWED
Petition	Jany 6, 1912	, 191
Affidavit	" " 1912	
Specification	" " 1912	*This application referred to in Patent No. ____ Do not destroy. (See order No. 3166, 400 O.G. 1) **DO NOT DETACH***
Drawing	, 191	
Model or Specimen	, 191	
First Fee Cash $15. Jany 6, 1912		
" " Cert	, 191	, 191
Appl. filed complete Jan 6, 1912		, 191
Examined		
Allowed		
	For Commissioner.	For Commissioner.
Notice of Allowance	, 191	, 191
Final Fee Cash	, 191	, 191
" " Cert	, 191	, 191
Patented		, 191

Attorney Frank L. Dyer,   Orange, N.J.

Associate Attorney

图书在版编目（CIP）数据

爱迪生：现代世界的发明者／（美）戴维·J.肯特(David J. Kent)著；施韡译. -- 北京：人民邮电出版社，2020.6
ISBN 978-7-115-52540-6

Ⅰ.①爱… Ⅱ.①戴… ②施… Ⅲ.①爱迪生(Edison, Thomas Alva 1847-1931)-传记 Ⅳ.①K837.126.1

中国版本图书馆CIP数据核字(2019)第257195号

版权声明

© 2016 by David J. Kent

Originally published in 2016 in the United States by Fall River Press, an imprint of Sterling Publishing Co., Inc., under the title *Edison: The Inventor of the Modern World*. This edition has been published by arrangement with Sterling Publishing Co., Inc., 1166 Avenue of the Americas, New York, NY, USA, 10036.

- ◆ 著　　　[美]戴维·J.肯特（David J.Kent）
　　译　　　施　韡
　　策划编辑　刘　朋
　　责任编辑　杜海岳
　　责任印制　陈　犇
- ◆ 人民邮电出版社出版发行　北京市丰台区成寿寺路11号
　　邮编　100164　电子邮件　315@ptpress.com.cn
　　网址　https://www.ptpress.com.cn
　　北京瑞禾彩色印刷有限公司印刷
- ◆ 开本：690×970　1/16
　　印张：16.75　　　　　　　　2020年6月第1版
　　字数：261千字　　　　　　　2020年6月北京第1次印刷
　　著作权合同登记号　图字：01-2018-1396号

定价：79.00元
读者服务热线：(010)81055410　印装质量热线：(010)81055316
反盗版热线：(010)81055315
广告经营许可证：京东工商广登字20170147号